なぜあの人は人望を集めるのか

その聞き方と話し方

近藤勝重

GS
幻冬舎新書
094

まえがき

本書は、単なる話し方の本ではありません。

大きなテーマは人望のある人についての考察です。

人望というかぎり人としての生き方を抜きには語れません。また生き方はそのまま話し方になって表れます。

世に話し方をもっぱら技術、つまりスキルの面からとらえた本がたくさん出ています。なるほどなあ、そうか、そう言えばいいのか。ヒントはいろいろあるわけですが、ぼくには根本的にこんな疑問があります。

話術があれば人は相手に信頼され、尊敬されるのだろうか。つまり人望を得られるのだろうかという疑問です。有り体に言いますと、話術の「術」が気になるんですね。

『徒然草』にこんな言葉が出てきます。

「都の人はことうけのみよくて、まことなし」

京都の人は口先だけで誠意がない、と東国の人が愚痴る言葉です。この場面では同じ東国出身の上人が都の人の柔らかな心を説明して弁護するくだりもありますが、話術の「術」に力点を置きますと、どうしても口先だけの話になりがちです。

コミュニケーションにおいては技術的なことも無視できません。そう言ったほうが相手に伝わりやすいとか、相手に関心を持ってもらえるとか、それなりに意味のあることです。

ですが自分自身のありようを棚に上げて、いくら話を技術的に高めても、伝える、伝わるという点ではおのずと限度があるのではないでしょうか。

願わくは、まず自分自身があって、そして言葉があり、そのうえで話し方のスキルも心得ている。これが望ましい姿ではないでしょうか。

といってぼく自身、生き方を論じられるほどの人間ではありません。ここでやれることと言えば、先人の生き方や見聞した素敵な諸先輩らのライフスタイルを参考にして、そこに自分自身の体験も加味し、こうすれば望ましい自分を表現できるのではないかという提案です。

その提案が意味のあるものになって自己改革に役立ち、その人の言葉が変わる。話し方もいい感じのものになる。それが人望につながっていく。本書のめざすところです。

執筆にあたって一人の臨床心理士にいろいろ助言をいただきました。折にふれ紹介させていただきますが、すべて同一の人物だとご理解ください。

昨今、職場の雰囲気がひんやりとして共感に欠けるということがよく言われています。成果主義や仕事の個別、細分化など、原因はいろいろ指摘されていますが、しかしいくら成果と言っても相互理解を欠いては目標の達成も困難でしょう。

組織はやはりチーム力です。そこに求められているのは、組織のコミュニケーションや健康度を高め得る人望のある人ではないでしょうか。

以下、壊れかけた職場の危機を救う人材、人望のある人を日常の会話、生活両面からとらえてみたいと思います。

本書が今日の職場が抱える問題解決の一助になれば幸いです。

二〇〇八年　秋

近藤勝重

なぜあの人は人望を集めるのか／目次

第1部

人望のある人の「日常会話」

1――人望とは見えないところを見ようとすること

「まえがき」でも少しふれましたが、ぎすぎすした職場が増えています。あいさつもあまり交わさない。おたがい仕事上の悩みにも関心を示さない。残業中、パソコンに向かって愚痴っている若い社員もいる。

そんな人間関係のうえに仕事はきつく、給与もふえないとあっては、辞めたり「心の病」で休職する社員があとを絶たないのも、しかたのない現実でしょう。

こんにちの職場状況に関するいろいろを耳にしますと、遅刻してやってきても、「グッモーニンエブリバディー！」の一声で職場をふわっと温かく包み込む映画『釣りバカ日誌』の浜崎伝助ことハマちゃんを思い浮かべたくもなります。

しかしいかにハマちゃんでも、先のような職場の雰囲気を変えるのは難しいでしょう。

ハマちゃんはたしかに人気者ですが、そういう職場に必要なのは人気より人望のある人ではないでしょうか。

と思ったところで、さて人望とは？　です。

一般的に言えば、人から尊敬や信頼を寄せられることなのでしょうが、人間関係のうえではどうとらえればいいのでしょうか。

知り合いの臨床心理士に聞いてみたところ、こんな言葉が返ってきました。

「人に望まれている人なのか、それとも人に望みを持っている人なのか。その両方かもしれませんね」

人望の「望」について手元の辞書を見ますと、

①　遠くを眺める（望見、眺望）
②　そうなって欲しいこと、願わしいこと（希望、願望）
③　人々の評判（信望、人望）

とあります。

さらに別の辞書で字源を調べてみますと、「月」と「亡」の解字的解釈で「遠くの月を待ち望む様を示す」とあって、「ない物を求め、見えないところを見ようとする意を含む」ともあります。

そうすると先の臨床心理士の言葉は、なにか当を得たもののように思えてきます。今はできないかもしれないけれど、その人の今後を希望を持って見守りましょうとも解釈できるわけですから、見えないところを見ようとする姿は、じつに人望のある人にふさわしいと言えそうです。

そう言えば、ぼくの職場にも常々こう言って人を育てていた先輩記者がいました。

「いいものを持っていそうだから、いつか化けるかもしれないよ」

後年、先輩にそう言われていた記者は本当に化けて、みんなが注目するスクープを何本も放つ記者に成長していました。

臨床心理士は「その人のいいところを探すのが、私たちの大きな仕事の一つです」と話していましたが、人望のある人も似たところがありそうです。

かりにあきっぽく移り気な性格に見える部下でも、好奇心旺盛なせいでそれは決してマイナスではない。そう思って対応すれば、その人の可能性にかけられることになるわけです。

よく可能性があるとかないとか言います。しかし可能性は確率の問題であって、可能性がないというのは基本的におかしいとぼくは理解しています。そう考えれば、失敗した人に対してだって言葉はおのずと変わるでしょう。

ぼくの古くからの飲み友だちにえらく部下の評判のいい男がいます。そう、人望があるのです。

某メーカーの営業畑の男ですが、営業実績もさることながら「部下に対して否定的な物言いをしない方なんで、ついて行きやすいんです」という感想を当の部下から直接聞いたことがあります。

友人自身も「不器用に見えても、要領のいい人間にはない良い面があるもんでね」と話していたことがありました。

友人は先に紹介した「人望」の字義のとおり期待を持って部下を見守っているのです。

部下にとってもそうして目をかけてくれる人望のある人の存在は大きな励みになることでしょうね。

もう一言

筑波大名誉教授の村上和雄先生は「遺伝子の多くは眠っていて、良い遺伝子が目覚めれば人間の可能性はまだまだ開発できる」と話しています。天才と言われる人と普通人の遺伝子暗号の差はせいぜい一〇〇〇個に一個くらいだそうで、人はみな「自分の花を咲かせる可能性を持っている」とエッセイにお書きになっています。

2——人気があるからといって人望があるわけではない

先の項でなんの断りもなく、「人気より人望のある人」といった表現を用いていますが、この項では人望は人気と、あるいは人徳とはどうちがうのかを考えてみましょう。

たとえば「クラスの人気者」という言い方があります。かりにそれがA君だとすると、A君はただ単に大勢の人に好まれてクラスの人気者というだけのことで、別に尊敬や信頼を得ているわけではありません。

それに人気というのはその人のキャラクターやおもしろさに加えて、はやりすたりとか世の中の風潮や社会的な背景にいろいろ影響されるでしょうから、A君の人気も浮き沈みがあろうかと思われます。

一方、人徳というのはその人に備わった徳ですから、持って生まれた魅力と言えそうです。

英語では人望も人気も「ポピュラリティ（popularity）」を当てている辞書が多く、そのあたりは大ざっぱで日本語の辞書ほど人望と人気の厳密な区別はしていません。ですが、人徳については英語でも「ナチュラル・バーチュー（Natural virtue）」とはっきりと区別しています。

ナチュラルですから、生まれながらにして、あるいは自然にその人に備わったものが人徳というものなのでしょう。

そうしますと人望というのは必ずしも持って生まれたものではなく、後天的に努力して身につけられるものでしょうから、この点でのちがいは大きいように思われます。

さらに考えますと人望というのは人間の中身の豊かさ、包容力、相手をおもんぱかる気持ちといった、なにか人間の内にあって外に漂わせているもの、ほっとするような空気感も含まれているような気がします。

「あの人は立派だ」「偉い人だ」と評されるようなこれ見よがしな立派さではない。あまり立派すぎると近寄りがたい雰囲気が出てきて気持ちのうえで距離が出ますから、これは人望とはちがいます。

人望のある人とは一緒の空気を吸っているとリラックスできる。言葉数も少ないし、言うこともシンプルだけど、そういうところが心地よい。みなさんにも思い当たる人がおありでしょう。

そんな人に特徴的な言葉はどんな言葉でしょう。

「そうだねえ」

「そうねえ」

うなずきながらそう言って、笑顔も忘れません。そして話している人のペースを乱さない。また自分のペースも押しつけない。だから相手の話ともうまくシンクロする。双方に無理がない。そういう「そうだねえ」「そうねえ」なんですね。

こうしてみると人気や人徳というのはそのときそのときの外まわりのものであったり、あるいは生来のものであったりして、なかなか後天的に身につけるにはハードルが高そうです。

けれど「人望」なら案外なんとかなるかもしれない。というのも人間、年を重ねればそれなりにいろいろな経験もし、挫折《ざせつ》や失敗も重ねて人の痛みだって若いときよりはわかるようになってきます。

生きてきた道のりの中でやむを得ず自己変革を迫られる場面だってあったでしょう。悔し涙を飲んだことだってあったでしょう。そんなあれやこれやの場面で人はおのずと人望の下地作りをしてきたわけです。

そのうえでどうしたら本当に人望のある人になれるのかをこれから考えてみましょう。

もう一言

よく新入社員などを対象にした「理想の上司」のアンケート結果が紹介されています。ここに登場するみなさんは有名人ばかりですが、二〇〇八年春のあるアンケートでは男性の九位に宮崎県の東国原英夫知事の名がありました。行動力への評価が高いようですが、これって人気？　人望？

人徳？　さて、みなさんのお考えは？　「理想の上司」についてはあとで考えてみるつもりです。

3――優柔不断でもいいんです

全国組織の職場で働く人たちの研修会でおしゃべりする機会があり、「あなたにとって人望のある人とは？」というアンケートを取らせていただきました。

会場の二百数十人中二百人近くが回答を寄せてくれましたので、複数の人が挙げた回答例を「人間関係において」「その人自身は」「仕事ぶり」の三つに分類してみました。

●人間関係において
親身／分け隔てがない／人の話をよく聞く／笑顔を絶やさない／傷つくような言葉を吐かない／一緒にアホになってくれる／人の痛みがわかる／裏表がない／失敗したときかばってくれる／発想を受け入れてくれる／悪口を言わない／結果だけで判断せず、

その過程を重視してくれる／裏切らない／言動のぶれがない／約束を守る／人間の弱さがわかっている／自分の経験に照らして考えてくれる／フォローがある／言葉を選んで話す／知識をひけらかさない／誠意が感じられる／許容量が大きい／頭ごなしに否定しない／相手の立場で物事を考えている

●その人自身は

温厚／飾らない／視野が広い／あっさりしている／愚痴を言わない／太っ腹／仕事以外に夢や生きがいを持っている／趣味人／欲がない／人情味がある／信念を持っている／後輩思い／ユーモアがあり、おもしろい／せせこましくない／物静か／自然体で生きている／どちらかと言えば無口／さばけている／心が広い／話がしやすい

●仕事ぶり

よく仕事をする／部下に仕事を振り分けて全体を引っ張れる／適切な指示とともに後進を指導できる／人の手助けができる／出世欲を感じさせない／責任感が強く目標に

向かって邁進する／途中で仕事を投げ出さない

回答の多くに納得できましたが、ここで人望のある人に共通する特性とか、それをもとにした人間像を描き出そうとは思いません。それぞれの持ち味があっていいと思うからです。

みんなと一緒にバカになれるという人もいれば、物静かなタイプの人もいるわけで、人望をひとくくりにするなどあまり意味のないことでしょう。人望もその人ならではのキャラクターとともにあるはずです。またそれが人間のおもしろさではないでしょうか。

たとえば優柔不断な人がいます。先のアンケートではどの項目にも入っていませんから、人間的にはマイナス面でとらえられているのでしょう。たしかに愚図で決断力がないとなるとダメ人間のように思われるかもしれませんが、ぼくはそうは思っていません。人の心などわかるはずがないのです。人に相談されてそれはこうだと答えると、なにかすごく決断力のある立派な態度のように映るかもしれませんが、はたしてそうでしょうか。

結局わからないのが人の心であるとすれば、はっきりしたことを言わないで優柔不断な態度を取ったとしても、なんら非難されることではないでしょう。否、むしろそれが誠実な対応かもしれません。

いつも人の心と向き合っている臨床心理士の先生は「ですから相談に来られた人に対しても『わかります』とは言わず、『わかる気がします』と答えるようにしています」と話しています。

「わかります。わかります」と言うと、この先生、ほんとにわかっているのだろうか、と相手はむしろ疑うかもしれないというわけです。

そうだとすると、ぼくらは友人の悩み事相談にどう対応すればいいのでしょうか。先生は「相手と一緒に答えを見つけるといった態度で接するのが望ましいでしょうね」と言って、こうつけ加えました。

「はっきり言わないから水臭いとか、そういうことでは決してありませんよね」

その話にぼくがなるほどとうなずくと、先生は小さく笑って言いました。

「その『なるほど』も『なるほど、ね』と『ね』をつけただけで相手の対応が変わるんですよ。『ね』の語尾にこの人はちゃんと自分の話を聞いて対応してくれていると思うんでしょうね」

ぼくも「なるほど、ね」と声に出して言ってみて、人望のある人にもこの「なるほど、ね」は共通するように思ったことでした。

個人への一言一言の意味をどれほどわきまえて口にしているか。それは先のアンケートのとりわけ「人間関係において」でも十分うかがえることです。

以下これらのアンケートを踏まえて、人望のある人の具体像と日常の言葉にさらにこだわってみたいと思います。

もう一言

吉行淳之介氏が『ぼくふう人生ノート』にこう書いています。

〈他人のことについては一切口を出さないのは男性的と認めてよい。また、他人の振舞いの善悪についてはむしろ優柔不断であることは一見女性的のようだが、じつは男性的なことなのだ。その替り、自分自身のことについては、一切の責任をもって決断しなくてはいけない。その仕方も、優柔不断ではいけない〉

4──仕事としてではなく、心で語る人

中小企業診断士の資格を持つ知り合いの経営コンサルタントと雑談中、人望ってなんだろうという話になりました。

こういう場合、通りいっぺんの話になりがちなものですが、コンサルタント氏はクライアントの企業に出入りするうち、一つの具体像を得ていたようです。

「そうですね。人望のある人は……」と考える顔になって、「仕事としてではなく、心で語る人でしょうね」と言いました。

「たとえば」とたずねると、自ら力を入れている環境問題を例に言葉を続けました。

「これからはエコだとばかりにソロバン計算する人は各企業にたくさんいます。仕事で語る人たちですが、本当に地球環境をよくしたいというマインドを持っている人は、自

分が心に思うところで語っているので人をひきつけます。人望もそこから生まれる。みんなもそういう人にはついていきますから、仕事で語る人より結局彼らのほうがいい仕事をするんですね」

企業が利益至上であるかぎり環境も仕事、つまりビジネス本位に語る人間のほうが多いにちがいないでしょう。しかしそうではなく、心で語る人だというその話はぼくの心に残りました。そしてぼくなりに人望のあった諸先輩を思い出し、コンサルタント氏の言葉にあらためてうなずいていました。

ある先輩記者はアジアに常に目を向けていました。どんな思いで取り組んでいるんですか？　というぼくの質問に、先輩はうーんと困ったような顔をして、「放っておけない現場があるってことかな」とつぶやくように言いました。

また事件記者で鳴らしたある先輩は、「世の中、少しでもよくしようよ」が口癖でした。

彼らは共通して「物語」を持っていました。闇の世界の潜行ルポ、あとあとまで語り草になる大スクープ、意表をつく企画の数々……しかしその「物語」を自ら語る人たちではありませんでした。いたって静かでした。ぼくは彼らが背中で語るものを聞いていたように思います。

すでにふれたことですが、こんにちの企業では横のつながりも希薄ですから、入社したばかりの新人諸君が抱く不安や悩みは大きいものがあるでしょう。

正直言ってぼくも入社して三日目、宿直室の布団の中で声を殺して泣いたことがあります。

まだ仲間意識もそれなりにあった時代でしたが、仕事に不安を覚え、なにかと心細かったんでしょうね。ですが、三日が三年になり、三十年もひと昔前になろうとしている今、そうか、こうして曲がりなりにもやってこられたのも、心で語る先輩たちがいたおかげだな、と彼らの顔をなつかしく思い浮かべます。

話は変わりますが、浅田次郎氏の短編に『角筈にて』という作品があります。

テーマは「父と子」なのですが、その小説にこんな場面があるのです。

主人公は部下から慕われる営業部長です。しかし一つのプロジェクトがうまくいかず、ブラジルへ飛ばされることになってしまった。その彼が部下との別れに際してこんな言葉を吐きます。

「サラリーマンなんてのはな、調子合わせていればいいんだ。太鼓たたいて笛ふいて、手拍子打って、調子っぱずれの音さえ出さなければ、それでいいんだ。リオのロートル支店長のことなんか、まちがっても口にするんじゃないぞ。いいな、おまえらが約束してくれなけりゃ、俺は成仏できない」

リオのロートル支店長というのは、失敗がもとで出世街道をはずれてしまった自分をさして言っているわけです。俺みたいな人間の後を追うな、俺みたいなのを相手にしていたらおまえらも出世の妨げになるぞと。部下のためを思ってこんな強がった言い方をする場面です。

この中で、「太鼓たたいて笛ふいて、手拍子打って、調子っぱずれの音さえ出さなければ、それでいいんだ」というところが、とくに印象に残りました。本音はともかく、彼はそれがサラリーマンなんだと部下を諭すわけです。

つまりサラリーマン社会では、上を見て隣を見て下を見てまわりに調子を合わせてやっていくのが普通だということ。そこでは「心で語る人」が主流を歩んでいるかといううと、必ずしもそうではないのかもしれない。

こんにちですと、大規模なリストラを成功させた人たちが出世しているといった話はよく聞きます。

ぼくの友だちでリストラをやりかけて途中で退社し、田舎へ帰った男がいます。周囲から慕われていたぶん悩みも深まり、最後はその仕事を投げ出したようです。

そんな話を聞くとサラリーマン社会で「心で語る」ということの難しさの裏返しが、この『角筈にて』の主人公のせりふなのではないかと思うのです。

今の企業社会ではいかに効率よく仕事するかが重視されています。そのことを一概に否定することはできませんが、あまりにも効率一辺倒に傾いた結果、犠牲になったのは「人の心」です。

効率重視だからこそ人間味というのもいるんじゃないか。だからこそ人望のある人が大事なのではないか、とぼくは思います。

人を動かすのは言葉のようで言葉ではありません。言葉に心がどれだけ込められているか。その心の量でみんな動くのです。

言葉は心の使いです。人望のある人はコンサルタント氏の言うとおり、心で語る人たちだと思います。

もう一言

『心が元気になる英語のことば』という本にこうありました。

Words don't move someone's heart; the heart does.

言葉が人を動かすんじゃない。心が人を動かすんだ——本当にそう思います。

5――どんな話でも初めて聞く話だと思って傾聴しよう

寺田寅彦の随筆にこんな言葉があります。

〈眼は、いつでも思った時にすぐ閉じることができるようにできている。しかし、耳のほうは、自分で自分を閉じることができないようにできている。なぜだろう〉

それほど「聞く」ということが大切なんだ、とぼくは解釈しています。

話し方というのも結局は聞き方なのではないでしょうか。

「聞く」ということで感心するのは放送業界で働くA君です。

彼は人の話をじつによく聞く男なのです。ときどき仕事の電話をしますが、どんな話にも調子を合わせて相づちを打ち、熱心に耳を傾けます。

A君のほうからの電話でも「今、よろしいでしょうか」と断って用件を切り出しますが、終始こちらの様子をうかがう心遣いが感じられます。

また感心するのは、その聞く姿勢が誰に対しても同じだということです。

あるとき、A君が同じ社の後輩とおしゃべりしているのをそばで聞いていましたが、「うん、うん」とうなずいて、いつものモードを保っていました。

臨床心理士にA君の話をすると「ほう」と感心したような一言があって、「そういう人が一人いるだけで、組織の健康度は高まりますね。今は職場の仲間意識も共感も弱いですから、貴重な存在になっていると思いますよ」と感想を述べていました。

一家の会話でも聞き上手が一人いるとその場がなごみ、おだやかに時間が流れるものです。

そう言えばある集まりで「あなたが話を聞いてみたいと思う人はどんな人か」と聞いたところ、断然多かったのが「ちゃんと話を聞いてくれる人」でした。

昨今、悩みや寂しさを抱える高齢者への「傾聴ボランティア」がよく話題になっています。「いのちの電話」という自殺防止のための電話相談に四十代、五十代からの相談がふえているそうです。多くの人が自分の話を聞いてもらいたがっている。ちゃんと受け止めてもらいたがっているのだと思うのです。

先の臨床心理士は「受ける」という言い方で、「受けて、受けて、ひたすら受ける。相手の話はどんな話でも初めて耳にする話だという態度で受けるべきなんです」とも強調していました。たとえ自分がよく似た経験をしていても、その人にはその人なりの体験の仕方があるというわけです。

ややもするとぼくらはそういうことなら自分にもあったとか、ああ聞いたことがあるとか思って相手の話を聞き流しがちですが、どんな話であってもくむべき内容があるものです。きっと参考になることがあると思って聞けば、実際に得られるものがあるはずです。そういう聞き方のできる人にみんなは信頼を寄せるのです。

よくよく考えれば世の中には一つとして同じ出来事はありません。同じ状況にいたとしてもあなたと私という人がちがえば、なにが大事かと思うこともちがう。なにを記憶にとどめるかということも人によってちがいます。

毎日のこと、日常の中にあることで新鮮さをどう感じるかもその人の感性だし、またそれまでの人生経験によっても受け止め方が変わってきます。ですからこの世に同じ話は一つとしてないのです。

「ただ問題なのは」と臨床心理士が挙げたのは、主婦のこんな事例でした。

その主婦は近所でも面倒見のいいことで知られている。親切心にあふれていて、近所の人の困り事や悩み事にも親身になって話を聞く。それだけではすまず、助言もし世話も焼く。どちらかというと焼きすぎるぐらいで、そうなると世話を焼かれたほうは逆に引いてしまうというのです。

「聞き役だった主婦が、いつのまにか上に立っているんです。そうなると両者の間は緊張した関係になってしまうんですね」

良好な人間関係を持つにはほどのよい距離が必要だということの話を聞きながら、そうだなあ、A君などはその距離の取り方がいいんだなあ、と彼とのやり取りを思い出していました。

もう一言

聞法《もんぼう》とは仏教の言葉で仏法を聴聞することですが、鎌倉初期の禅僧、道《どう》元《げん》禅師が説いたお釈迦さまの教えを聞くときの心得に「聞くときは経験を捨てよ」というのがあるそうです。お釈迦さまの話が今に伝わるのは、そうして多くの僧が全身全霊で仏法を聞いてくれたからなんですね。

6――千言万言に説得力はない

「知者不言・言者不知」という言葉があります。

知る者、つまりものの わかった人は言葉が少ない。反対に言葉の多い者は物事を知らない。そういう意味です。言い得ているように思います。

浅い川ほど音がうるさく、深い川ほど静かに流れている――ふとそんなことを思い浮かべました。

ところで人の上に立つ立場になると、とたんに部下に対して説教調になるというのはどういうわけでしょう。

「そもそもわが社は……」なんてとくとくと説教する人は、本人にしてみたら気分がいいかもしれませんが、聞かされる部下のほうはたまったものではありません。

だいたい「説いて聞かせる」というその態度からして聞かされるほうの気分は重たくなっているわけですから、その間考えることといったらいつ終わるんだろうなあということばかりでしょう。

ですからもしあなたに説教したいことがあるのなら、それは説教というかたちではなくて、どう手短に伝えるかということに心をくだいたほうがいいと思います。そこで最初に出てきた言葉に戻るわけですが、やはり「知者不言」です。口数少なく伝えたほうがかえって伝わると思うのです。

たとえば部下の労をどうねぎらうか。忘年会かなにかの集まりで「みんな、よくやってくれた」ということを伝えたい。そこで年初からの売り上げの推移をああだこうだとやられたら、せっかくのお酒の味もまずくなるにちがいありません。部下のグラスにビールを注ぎながら「よくやってくれたね」の一言にとどめる。それで十分なのです。

この場合、双方の距離が問題です。いやこれは心理的な距離感ではなく、文字どおりの距離です。人と人との間が五十センチ以内に近づいたときというのは、それは親近感の表れなのだそうです。

ですから部下からしてみれば、上司が五十センチ以内に近づいてきたということは、それだけで「あ、親しみを持ってくれてるんだな」と受け止めているはずですから、そのパーソナルスペースであえて言葉を足す必要はない。ビールを注いだら、あとは穏やかに笑っていればいいわけです。

前にも言いましたが、人望のある人というのは人の話を聞ける人、つまり会話においては常に受け手＝聞き手になるわけですから、話し手に回るということはあまりないのです。説教なんていうのは、人望とは一番遠いところにあるものだと思います。

それではふだんの会話はどうでしょう。あなたは言葉数が多いほうでしょうか、少ないほうでしょうか。

言葉数が多いということは、当然使う単語の数がふえます。この単語をよく見ると「Aという単語の類語」、「Bという単語の類語」、「Cという単語の類語」というぐあいに、似たような言葉がつまった箱がいくつもできている状態になるそうです。

この言葉の箱が多ければ多いほど、あまりうまい話ではないということを聞いたことがあります。つまり話があちらこちらに飛んでとりとめがなくなっている。

一方、じっくりと焦点をしぼって話す人の言葉というのは、一つの箱に収まるのだそうです。しかもこの箱が大きいのだとか。なんとなくわかる気がします。

俳句で三段切れというよくない作例がありますが、これなどはあれも言いたい、これも言いたい、と上の句、中の句、下の句と全部ちがうことを詠《よ》んでいろいろ詰め込みすぎてしまうのですね。すると本当に詠みたい世界がふくらまず、はてなんの句だったかな？　ということになる。

あれもこれも言っているうちに、なんとか自分でも決着をつけて収めなくてはとなって混乱してしまう。よくあることです。混乱している話が相手に伝わるわけはありません。

反対に言葉が一つの箱に収まる話ができるというのは、自分自身も相手もよく把握して考え考えものを言っているから、そういうふうに収まっていくのです。

ここで一つ気づくことがあります。よい人間関係というのは言葉数が少なくてすむということです。

みなさん、行きつけのバーなんて持っていらっしゃるんじゃないでしょうか。そのマスターとの会話を思い出してみてください。

バーに通いだしてまだ日が浅いころは、たがいに相手をよく知らないわけですからいろいろと話します。ところがかなり通いつめて人間関係ができてしまうと、「やあ」と言って止まり木に腰掛けカウンター越しに「今日も忙しかったですか」「うん、まあね」と一言交わしたらそれで終わりです。

あえてああだこうだ話さなくても心地よい時間が流れる。いわば引き算の会話とでも言うんでしょうか。参考にしたい会話術です。

つまり会話というのはすべて言葉にする必要はないということではないでしょうか。Aという情報をただ伝えるのではなくて、こちらがAと言うことによって相手がAダッシュなり、Bなり、その人なりのとらえ方で理解することだと思うのです。

だから部下に何か助言してやりたいというときだって、相手が自分の言うことを咀嚼《そしゃく》して解釈する余地を残しておく。それがよい助言なのだと思います。

人望のある人というのはその「あと一押しの力」がわかっていて、「この一言でこいつはわかるだろう」という絶妙のところで止めることができるのでしょうね。

あとは相手が気づくのを待つ。そのときわかるとはかぎりません。数年経《た》ってから、あるいはもっと経ってから「ああ、あのときそんなことを言ってくれてたなあ」と気づくことだってあるかもしれない。でもそうやってじわじわと効く言葉をかけられるのだと思います。

これは臨床心理士から聞いた話ですが、心理療法におけるカウンセリングというのは決して悩みを抱えている人に答えを与えるものではないということです。本人が持っている答えに気づいてもらう。その働きかけがカウンセリングなのだそうです。答えを与えるのではなく、相談者本人の中に埋もれている答えを一緒に探す作業なのだそうです。そのときにまず「どうだったの？」と聞いても、相談者が自分で気づくチャンスを奪ってはいけないのだそうです。

そうだろうと思います。同じ結論にたどりつくにしても、相談者が自力でそこにたどりつくのでなければ本当の解決にはならないわけですから。

臨床心理士の話を聞きながら、ぼくはこれはまさに人望の世界だなあと思っていました。人望のある人は優秀なカウンセラーの役割をしているのですね。

今、企業カウンセラーなどもはやっているようですけれど、職場に人望のある人が一人いれば社員の「心の病」もうんと減るのではないでしょうか。

もう一言

臨床心理の第一人者で文化庁長官だった河合隼雄氏の遺《のこ》された言葉には、やがて日本のことわざになるのではと思えるものが多々あります。これはその一つです。

「説教の効果はその長さと反比例する」

7──正しいことを言えば言うほど人望を失う その1

正しいことというのは、その人が思っているほど相手には受け入れられていないことがけっこうあります。それればかりか正しいことを言われると、しんどくなってしまいます。

相手は正しいと思っているから、とくとくとしゃべる。時として語気を強め、こちらがあまりうなずかないでいると、なぜわからないのかといった物言いになりがちです。「だから」を強い調子で連発して、「何度も言わさないでくれ」といった不快感をあらわにする人もいます。

当然反論はしにくい。でも反発はしたくなるんですね。反論はしづらいけれど気持ちのうえでは反発する。といって面と向かって反発したらかえってしんどくなると思うから、不承不承黙りこんでしまう。するとなおさらしんどくなる。悪循環です。

「タバコは健康に良くないよ」。それはそうでしょう。そんなこと、わかってますよ。でも、だからなんなの？　と相手は思っているかもしれません。

子どもが通信簿をもらって帰って来た。国語はよいけれど、算数はよくない。「国語も算数も良くないとだめなのよ」。親はそう言います。

そうかもしれない。しかしそう言ったところで子どもは納得していません。心の中では頑張った国語のことをほめてほしかったのに、と思っているかもしれません。

野球でも監督が「この場面だ。一本ほしいな」と言ったらそれはそのとおり、もう絶対的に正しい。一本打てるにこしたことはない。

誰よりもバッター自身が打ちたいと思っているはずです。胸の内では「それができたら苦労しないよ」と思っていることでしょう。

そうするとおそらく「一本打て」と言うよりも、「一球目にこういうボールが来るから、そこを見逃すな」という言い方をしたほうがいいわけです。あくまでもアドバイス、助言のほうを人は受け入れるのです。

忠告の難しさについては河合隼雄氏もそうした事例とともに著書でもふれていますが、ともあれ正論というのはおうおうにして一方的で攻撃的です。だから相手を傷つけることだってある。しかも正論のその正しさ自体が本当に正しいかどうかというと、そこのところも怪しいのです。

いくら相手のことをわかっているつもりでも、相手が本当のところどう考えているかといったことは実際にはわかりません。人の心というのは闇の中です。ですから結局、正しいことというのも自分の世界の中での判断でしかないのです。

相手の世界をどこまで理解しているのか。そこまでわかってなおかつ正しいことを言える人なんて、そうはいないと思います。だから正論を言うなというわけではないですが、やっぱり相手の言い分をしっかり聞かないと最初から正論なんて存在しないだろうと、ぼくは思うんです。

つまり絶対的に正しいことなんて本当はない。あれも正しければこれも正しい。言ってしまえば人それぞれです。自分も人間なら相手も人間。正しい、正しくない、その対立軸で語れるほど単純ではないということです。

けれど、どうしても白黒をはっきりさせたいというタイプの人がいますね。そういう人はなにかと衝突してしまう。議論になったときも、なんとしてでも勝とうする。

でもそういう生き方ってしんどいだろうなあと思います。およそ人望のある人の生き方ではないでしょうね。

もう一言

日本ハムの監督時代、チームを日本一に導き、その後大リーグのロイヤルズを率いたトレイ・ヒルマン監督の人望はつとに知られていますが、日ハム時代、子どもが生まれた選手に家族の元に帰れるようにと、ポケットマネーから飛行機のチケット代を工面したというエピソードが新聞のスポーツ欄に載っていました。

ロイヤルズ関係者の話として「選手一人ひとりの心にアプローチする能

力」に優れているとも紹介されていました。監督は「ここで打て」といった言葉は口にしなかったことでしょう。それでは選手の心にアプローチできませんもんね。

8―正しいことを言えば言うほど人望を失う その2

取引先に行って仕事を取ってくる。取ってくるのはまちがいなく正しいことですが、ここで大切なのは取れなかったとしてもその結果ではなくて、経過の努力をどう見るかということです。

契約が取れないという結果が仕事ではありません。人間は結果だけで生きているわけでもありません。契約を取ろうとしてどうしたか。その経過こそが仕事なのです。

ですから契約が取れない社員に対する言葉は、「なぜ取れないんだ」という結果に対しての言葉ではなくて、経過に対しての言葉が必要なのだと思います。

ぼくの信頼するある先輩デスクは取材で失敗した記者にこんな言葉をかけていました。

「どういう考えでそうしたの？」

失敗に対して「だめだよ、そんなやり方は。だからネタがとれないんだ」と言うのはデスクにとっては簡単なことです。けれどそれを言ったところでしかたがないとわかっているので、記者としていろいろやってみたであろう彼の考えを聞こうとしているのです。

人望のある人というのは、このあたりの兼ね合いがよくわかっている気がします。言葉の持つ力とか、残酷さといったことも自分の人生体験の中でわかっておられる。自分自身が言葉を口にするときはとても慎重です。自分の中でその言葉を聞いて、嚙《か》み砕いて、相手の言葉も嚙み合わせて、考え考え口に出す。そういうことが身についているのだと思います。

ところが考え考えどころか、話すときにやたらと専門用語とか四字熟語とか、難しそうな言葉を並べて字面のパワーに頼る人を見受けます。でもそういうのは知識のひけらかしというか、心がこもっていない典型的なものの言い方ではないでしょうか。専門用語や難しい漢字がいっぱい入った話をしたからといって、なんの意味もありません。

ある女性公務員の方に「この人は人望があると思った人はどんな人でしたか」と質問

したことがあります。

彼女は自分が入職したときの上司だと答えてくれました。その上司は実務経験がまったくなかった彼女に一から指導してくれたそうです。

教えるというより、部下が納得できるまで根気よくつきあうといった指導法だったのでしょう。上司はこう言ったそうです。

「わからないことはどんどん聞きなさい。わかることは説明するけれど、ぼくにもわからないことは一緒に調べよう」

上から見て「俺が正しいのだから教えてやるよ」ではなく、「一緒に調べよう」というスタンス。ちょっといいな、と思います。

彼女はこの上司に仕事だけでなく、どのように人と接していけばよいのか教えてもらった気がしたと話していました。

もう一言

叱責されて思わず言い返したり、とっさに意見を述べたりすることがありますよね。しかしそれで事態がますますこじれることもあるわけです。けっこう戦闘的な文芸評論家であった中村光夫氏は晩年、こう言っていたそうです。

〈発言したり返答するときには、まず七つ数えるようにしているんだ〉

（吉行淳之介『ややのはなし』）

9――人望のある人のあいさつにはメッセージがある

仲間意識に乏しい職場には共通していることがあります。

あいさつがほとんどないか、あっても声が小さいということです。内にこもっていて、明るい弾んだ声の「おはようございまーす！」というあいさつは聞かれないのです。

元気いっぱいの「おはよう！」ですと、返事をするほうも「おはよう！」と声が大きくなります。そうやってみんながあいさつを交わすうちに職場のムードができてくるんですね。

その効果は大きいものです。ですから職場の雰囲気がよろしくないと思ったら、まずは自分から声を出してください。

おたがい人間、話すことあり、聞くことありで生きています。その話す、聞くは、すべてあいさつで始まるのですが、人望のある人というのはそういうことがちゃんとわかっているんですね。

また彼らは、あいさつがあなたの存在を認識していますよ、というメッセージになることもわかっていますから、若い社員とか目下プロジェクトで苦労している同僚とかには決して欠かさない。

「キミが頑張ってるの、わかってるぞ」

「毎日、ご苦労だね。期待してるよ」

「おはよう」「やあ」といった型どおりのあいさつにもそんな思いをこめているんですね。

「それがわかるんです」という男が他社にいました。

ぼくの友だちが彼の上司にあたる関係なのですが、その上司のことをこんなふうに話していました。

「毎朝笑顔で声をかけてくれるんです。『やあ』というひと声でも、なんか仕事のたいへんさがわかってくれているようで、励まされますよね」

ぼくもその話を聞いて、友人を見直したものです。

そのあいさつの効果を応用して、ぼくは毎朝鏡の自分に向かって声を出しています。するとなんかこう体がシャキッとなって、そのまま散歩に出てもいい感じで歩けます。そしてすれちがった人にすっと声をかけることができます。

「おはようございます」という型どおりのあいさつのあと、相手が顔見知りのお年寄りだと「今日は顔色がいいですね」「気分がよさそうですね」と言葉を加えたりもします。

俵万智さんの短歌に「『寒いね』と話しかければ『寒いね』と答える人のいるあたたかさ」というのがありますが、人望のある人はこういうちょっとしたあいさつを忘れませんし、語尾の「ね」にもあったかい感じがあるものです。

ところでみなさんは全国亭主関白協会、略して全亭協という集まりをご存知ですか。熟年離婚を防ごうと日夜研究と研鑽《けんさん》を重ねているということで、マスコミなどでちょっと話題になっています。

亭主関白というとそれだけで世の奥様たちからにらまれそうですが、彼らの言うには家庭内では奥さんが天皇だから、それを補佐するのが夫の役目の関白ということだそうです。

その全亭協が今、「愛の三原則」というのを提唱しています。「『ありがとう』をためらわずに言おう」「『ごめんなさい』を恐れずに言おう」「『愛してる』を照れずに言おう」でして、この三語にはその言葉自体に力があるから、心をこめなくてもあら不思議の力を発揮するというわけです。

たとえば発泡酒が普通のビールに変わっていたり、「散歩でもしようか」と言ったら「はー!?」でなく、「はい」と声が返ってきたとか、会長の天野周一氏が効果のほどをエッセイでも紹介しています。

こういう話にも表れますが、あいさつというのはなにがいいかと言うと、一つは日々の積み重ねがもたらす力ということがあるでしょう。

ある方が言っていた話で「毎日、靴を揃える。それを毎日やるだけで変わるもんですよ」というのを聞いたことがあります。その真意は靴を揃えるという小さなことを積み重ねていくことによって気持ちが整い、自分の中の歪《ゆが》んだものやなにかが真っ当になっていくということでしょうか。

あいさつにもそういうところがあります。毎日毎日交わしていくとおたがいを包む空気が変わっていく。そこからふれあいが始まっていくのだと思います。

「おはよう。いい天気ですね」

「ほんと、いい天気ですね」

これらの言葉はまわりを取り込んでいるわけですから、おたがいが共有してるものを確認できます。そこでは単なるあいさつを超えたつながりがすでにできているんですね。

その情景の中で感じ合う効果というのも大きいだろうなと思います。人望のある人はそういうこともちゃんと心得ているのでしょうね。

もう一言

万葉学者の中西進氏が昏睡状態だったAさんの名前を呼んで呼吸を多少とも復活させたという話を紹介したあと、エッセイでこうお書きになっています。

〈私はAさんの場合を最たるものとして、いつでも、どこでも名前をよぶという言語表現こそが、人間と人間を結びつけ、親密さを生むのではないかと思う。それほどに力強く、すばらしい表現だと確信している〉

職場で名前と一緒に声をかける。素晴らしい効果を生むかもしれませんね。

10――論より体験談 その1

こんな場面を想像してください。

会社で自分の席に着く。するとシマの一角になにやら重苦しい空気が漂っている。見ると部下が頭を抱えている。相当煮詰まっているようだ――。

こんなときはそれとなく話を聞いてみることです。そのときに相手の話をわかりやすく、スムーズに引き出すちょっとしたヒントをお教えしましょう。

現在→過去→未来の順に話をしてもらうことです。

「どうしたの？」（現在）

「どうしてそうなったんだろうね」（過去）

「先の見通しはどうなの？」（未来）

こんなふうに現在・過去・未来に合わせて軽く話を聞く振り方をすれば、多少相手がこんがらがっていてもうまく話を引き出せます。この聞き方はけっこう便利ですから、ぜひ覚えておいてください。

さて、部下が頭を抱えている事情はわかりました。問題はこのあと、なにをどう言うかということです。先にもふれたように正論はNGです。のどもとまで出かかっても避けましょう。

論のかわりになるものでおすすめしたいのは体験談です。

自らの体験談をさりげなく語ってみせる。その体験談からくみ取ってもらう話し方です。

たとえば取引先との交渉がうまくいかなかったのなら、「自分にもこんなことがあってね……」とあくまでさりげなく話す。こわばっていた部下の気持ちもほぐれることでしょう。人望のある人の話し方を聞いていて学んだことの一つです。

ほぐれると言えば、こんな話を読んだことがあります。

今、いろいろな職場でウツが蔓延《まんえん》しています。自殺者も過去九年連続で年間三万人を数えます。毎日毎日、日本のどこかで八十数人の方が自殺している計算になります。

かつては中高年が多かったそうですが、今は三十代にも広がっています。三十代と言うと、「もう新入社員じゃないんだから」「もう中堅だから」などと言われて仕事の量はふえるし、責任は持たされる。けれど権限はないし、経費も少ない。

そんな職場で、ウツに陥っている人に「くよくよするな」なんて言ってもどれほどの効果があるのでしょうか。ウツの人に「くよくよするな」と言うと、「俺ってどうしてこうくよくよしてしまうんだろう」とますますくよくよしてしまうかもしれません。

むしろそういう人は無理に元気を出そうとせずに、「俺はもともとこういう気にする性格なんだ。これでいいんだ」と諦《あきら》めると楽になる、と精神療法の先生が話していました。ぼくにはとても印象に残る話でした。

その後たまたま、あの「モタさん」の愛称で親しまれた作家で精神科医の斉藤茂太さんの話を読みました。

モタさんのところへ不眠症の患者がやって来て訴えます。

「このごろ眠れなくて……」

するとモタさんがこう言います。

「じつは私も昨日の晩は眠れなかったんです」

その瞬間、患者がすごく変わるんだそうです。なにか仲間を得たような気持ちになるんでしょうね。

くよくよする人に「くよくよするな」ではなくて、「ぼくもそういうところあるんですよ」と声をかけてあげる。一般論でなく自分のこととして言う。心を交わせる対話のヒントがあるように思えます。

体験をもとにものを言うかぎり、意見がましい話には聞こえないのです。偉そうな感じもしませんし、相手が部下だったらああ部長も同じ人間なんだな、と親しみさえ覚えてもらえます。

体験談ふうの語り口は上司に一言申し上げるときにも効果的です。

ある部署の部長のセクハラがひどい。女の子がみんな泣いている。けれど当の本人にはまったくセクハラの自覚がない。

さあどうしたらよいか。セクハラとはなにかとわかっていない人にいきなり「それはセクハラです」と言っても理解できないでしょうし、これでは角が立ちます。誰だって上司ににらまれたくはありません。そこでこんなふうに話してみる。

「部長、最近の女性は勝手だと思いませんか。同じことを言っても女性がその男性を気に入っていればお咎《とが》めはなく、そうでない男性ならセクハラになるそうです。部長は経験ありませんか？　ぼくはあるんですよ。セクハラと言われてびっくりしました」

そんな体験はなくても、あえて体験談にしたところがミソです。これなら鈍い上司でも自分の胸に手を当てて考えて、俺もそういうことがあるかもしれないな、と思うでしょう。

さらに「部長のように地位があると、その重みで意味がちがってくるようです。ぼくなんかは気楽ですが、部長は大変ですね」と続けると、部長はきっと、そうか、セクハラは女性の受け止め方しだいなんだ、男の地位とも絡むんだ、といろいろ気づくことでしょう。

もう一言

以前、日本初のホスピスとして知られる聖隷《せいれい》三方原《みかたがはら》病院（静岡県浜松市）の医師が、末期ガン患者の場合、四人に一人以上の割合で余命予測が大きく外れたという一つの体験を重ねて「一カ月以上、生きられそうであれば、一カ月ごとにみていきましょうと説明します」と話しているのを『毎日新聞』で読んだことがあります。

この話には伝えづらいことを伝えなくてはいけないときのヒントがありそうですね。

11――論より体験談 その2

ぼくはかつて毎日新聞の大阪社会部で事件記者をやっていました。

担当は汚職事件。担当の課で言えば大阪府警捜査二課です。

ふつう事件記者と言えば現場へ走っていくのが鉄則です。けれど汚職事件を代表する贈収賄というのは密室の犯罪ですから、行くべき現場がほとんどない。足を運ぶべき一番のところは捜査員のお宅となります。いわゆる夜回りというやつです。

ところが駆け出しのころは、夜回りしてもなかなか家には上げてもらえませんでした。玄関先で捜査員の刑事さんが帰ってくるのに出くわして立ち話をするのがやっとでした。これじゃあネタは取れません。

ある日ぼくは先輩にふとそのことをこぼしました。するとその先輩、こんな一言をくれたのです。

「奥さんに気に入られるといいよ」

それを聞いたときは目から鱗《うろこ》でした。ぼくの頭には捜査員しかなかったわけですから。彼が言っているのは、急がば回れ、要は奥さんなんだと言うわけです。

捜査員のお宅を訪ねていって玄関でブザーを押す。初めに出て来るのはたしかに奥さんです。そこで「主人、帰ってません」と言われて「そうですか」と引き下がったら、玄関先で立って待っているよりほかはない。

けれど駅前のケーキ屋でショートケーキの一つでも買って「つまらないものですが」と持っていけば、向こうも顔はもう知っていますから、そのときの気分で「記者さんもいつもたいへんねえ」と言葉をかけてくれるかもしれない。

そのうち「中で待たれます？」となって応接間に通していただく。待っていると、当の捜査員が帰って来て「お父さん、○○社の何とかさんがお見えよ」と聞かされ、「えっ？」なんてびっくり顔になるけれど、女房が通しちゃったものはもうしかたないと応接間へ来てくださるわけです。

同じ話を聞くにしても玄関先と応接間とではまったくちがいます。玄関先での立ち話というのは、あくまでも一つ距離を置いたところで接してるわけです。だけど家の応接間へ上げてくれての話になると、お茶だって出るし、そのうち奥さんから「お父さん、ビール飲む？」なんて声がかかれば、もう何時間でもしゃべっていてもいいというお墨付きをもらったも同然です。

先輩の「奥さんに気に入られるといいよ」という一言は本当にさりげない一言でしたが、じつに貴重でした。

新聞社、かつ社会部というところは「なんだお前、だらしないな。そんなもん、とっつかまえて話聞いたらいいんだよ」とか、「そこを粘って粘って、粘るんだよ」といった根性論がまかりとおっています。だけどその先輩はぼくに対してなんら批判がましいことを言わず、さらっとヒントを示してくれたのです。本当にありがたいことでした。

ところでぼくは、その二課担（捜査二課担当）を五年近くもやっていました。抜いた抜かれたの修羅場の世界ですから当時としてはアホかと言われるくらい長い期間だったのですが、この仕事が好きだったんですね。

なにが好きだったのかと考えると、ふだんは見ることのできない人間のぎりぎりの姿にふれられるところだったのかなと思います。

というのも一つの事件には人間の善意と残酷さと悪意とがごちゃごちゃにつまっている。刑事はそんな生身の人間を常に相手にしていますから、みな相当な人間通です。さきほどの応接間で話し込んだ刑事さんの話など、生きたドストエフスキーかというくらい興味深く、取材を忘れて聞き入ったものでした。

ぼくたち記者がいかに捜査員から話を引き出すかに心をくだいているのと同じように、捜査員というのはいかに容疑者の口を割らせるかということを使命としています。「なんで、あの人から賄賂をもらったんだ」ということを聞き出さなければいけないわけです。

それにはやはりテクニックがあって、犯人にも犯人の言い分があるだろうというその心理をつくことが大切なのだそうです。正面から追いつめるのではなくて、誰かをかばおうとしたとか、そうせざるを得ない理由があったんじゃないか、といった話し方で相手の側に立つ。そうして気持ちのうえで逃げ場を作ってやるというわけですね。

すると悪いことをした人間も必ずどこか自分を認めてほしいところがあるから、そんな言葉にすがりつくかのようにしゃべりだすのだそうです。

こんなことを言った捜査員もいました。

「マッチ一本火事の元。タバコ一本汚職の元というんだよ。役所に新しい課長が来たとする。そこへ業者があいさつにいく。課長がタバコを吸おうとしたとき、業者が『どうぞどうぞ』とぱっとライター出して火をつけてあげる。ここから、(汚職が)始まるんや」

なるほどなあ、と思ったものです。こういう話というのは体験ならではの重みがありますから、別段それ以上聞かなくても説得力を持って伝わってくるんですね。

ある捜査員は「汚職役人は女を突き止めれば観念する」とも話していました。一番秘密にしている女の存在まで知られているのなら、隠したって無駄だと思うのだそうです。

これも人間心理ですね。

こういう体験談・エピソードというのはやっぱり強いと思います。これに比べたら理屈の話なんて本当につまらない。体験談ならそこに感情が流れていて、人間というものの本質が立ち上がってきます。そこから相手をうならせるような説得力が生まれるのだと思います。

少し話が横道にそれたかもしれませんが、人望のある人というのは理屈ではなく、体験談でさらっと話すからそこに味わいも深みもあり、ますます信頼されるのだと思います。

もう一言

口を割らせることを刑事の世界では「落とす」というのですが、そこにその捜査員の手腕や手練が現れてそれはおもしろいものでした。ある刑事はこんなことを言っていました。

「犯人落とすには、逃がさなあかん」

逃がすって？　と聞きますと「あのな、大坂城が落ちたんは千姫を逃がしたからや。千姫を逃がした途端に、大坂城は落城したんやな」。

秀吉が破れ大坂城が落ちた歴史上の出来事にひっかけて、「逃がさないと、人間は落ちない」というのです。「逃がす」、つまりあえて逃げ道をつくってやるというわけですね。

その言葉が頭にこびりついて、ぼくは取材活動でも「逃がす」ということを意識するようになったものです。

12──相づちは、「わかるわかる」より「わかるような気がします」

話し方の本には「ここで相づちを打つと話がはずむ」などと書いてあったりします。でも話をはずませるために、と考えて打つ相づちというのはいかがなものでしょうか。だいたい相づちのタイミングばかり計っていたら、相手の話はしっかり聞けません。本当の相づちはおのずと出るものですよね。

聞き上手になるための第一は、本当の相づちが打てるよう熱心に聞くことです。それはまた人望のある人の共通点ではないでしょうか。

竹下登氏といえば政界で長期にわたって君臨した天下人です。天に召されてすでに久しいのですが、今も竹下氏の豊かな人脈は永田町の語り草です。

政官業に根を張り巡らした人物のネットワークで天下をとったわけですが、それにしても竹下元首相はなぜそれほど力をつけたのでしょうか。

それは聞き上手だったからと言ってしまえば、そんなことでと言われかねませんが、しかし聞き上手というのも竹下登という実力者が身につければ、単なる聞き上手ではすまなかったわけです。

竹下さんはとりわけ相づちを打つのが達者でした。

「ほーっ」

「なるほど」

「さすが」

「なんと」

「まさか」

この、「さすが」「なんと」「まさか」などは、いかにも竹下さんの口吻《こうふん》といった感じがあります。相づちのお手本として、ぼくはしばしば紹介させていただいています。

聞き上手というお方では黒柳徹子さんも挙げたいと思います。

トーク番組「徹子の部屋」の司会ぶりに注目してください。黒柳さんはゲストの話に聞き入ってしばしばこんな声をもらします。

「ほぉー」

「まぁー」

「そぉー」

長く引く感嘆調の相づちを惜しまないので、ゲストは気をよくして大いにしゃべります。

少人数の会話でも二人の対話でも相手が主役です。自分は脇役。相談事ならなおさらそうです。あくまでも相手を主役として立てる。そういう立場で対応すべきです。

昨今の職場ですと、相談事は人望のある人に集まるのではないでしょうか。でもその人たちは、自ら相談事の答えを出そうとはしないでしょう。

聞き役に徹して、おそらくは相談者の胸の内にあるであろう答えを一緒に探す側に立つのではないでしょうか。じつはここが多くの人から人望を得るポイントなんですね。

控えめに言葉数を絞ってゆったりと相談に応じる。一般的な相づちに「ふんふん、わかった」という感じのものがありますが、人望のある人の場合は黒柳さんのように息を引く「ふうーん」と相手の言葉を受け入れている感じが伴います。

「わかった」という相づちも悪くはないのですが、これも「わかるような気がします」と言うほうが「あなたの話をちゃんと聞いてますよ」というメッセージを含むことになります。

臨床心理士の話ですと、「わかったわかった」といった簡単な相づちには、「本当にわかってくれているのだろうか」、あるいは「わかってたまるか」と反発する人もいるそうです。相手の言葉を口に含んで反芻《はんすう》しながら相づちを打つ。これが大切なんですね。

あの人だったら話を聞いてくれるかもしれない。そう思うときの「あの人」は、たいていそんな感じの人でしょう。

その日はいい答えが見つからず、また後日ということになると「よろしかったら、またおいでなさいよ」と声をかける。この場合の「よろしかったら」は相手への心遣いなんです。

あくまでも相手の自主性を大切にする。そのうえで相談に応じる。これが人望のある人のスタンスなんですね。見習いたいものです。

もう一言

武蔵野大学での授業で学生に「人望のある人」と題して作文を書いてもらいました。そのうちの一編ですが、A君は「家の近くに住むおばあちゃん」のことを、こうつづっていました。

〈おばあちゃんの家に人が集まるのがわかった。ただ人気があるのではなくて、人の話をすべて聞いてくれるからである。おばあちゃん自身、その人に何か特別なことをするでもなく、その人のわがままを聞くでもなく、人の話に対してうなずくだけなのであった〉

ただうなずく。人望の素《もと》なんですね。

13——聞かれれば「一言主命《ひとことぬしのみこと》」になろう

臨床心理学の河合隼雄氏が文化庁長官になって、いろんな場面であいさつしなければならなくなりました。その一環の席でのあいさつで満場が沸いたのは「いつも一言だけですます一言主命《ひとことぬしのみこと》をやっています」というものだったそうです。

河合隼雄氏をしのんで宗教学者の山折哲雄氏が新聞にお書きになっていたエピソードですが、一言主命、いいですねえ。千言万言、大言壮語のなんとむなしいことか。ぽつりと一言、ユーモラスに語る一言のセンス、身につけたいものです。

乾杯の発声者に指名されて「ご指名なので一言ごあいさつを」と話し始めました。乾杯だけではいかにも味気ないように思い一言となるのでしょうが、なかなか一言の人はいません。

準備してきたおもしろエピソードを披露する。しかしみんな冷たいグラスを持ったまま立っているわけで、そのうち愛想笑いする顔も引きつってきます。三分……五分……やっと終わるかなあと思ったとき、その人はこう言いました。

「いやいや、みなさんグラスをお持ちですし、話は短いのにこしたことはありません。さっそく乾杯させていただきましょう」

そばで友人がボソッと言っていました。「指が凍傷になりそうだった」

ぼくが出ていたパーティーでのことですが、ここでこだわるべきはどんな一言がいいかです。意外と効果的だなあと思うのは、先人の知恵とも言うべきことわざですね。いろいろ資格を持っているんだけど、ちっとも仕事に生かせていない人が話題に上ったとします。そこで「『多芸も無芸』ってやつですね」なんて言うと話がそこでうまくまとまるというか、おたがいに「あっ、わかった」と確認できる。なによりも気がきいているんですね。

会話の中でうまく使ってみたいことわざも少し列記しておきます。ここでは先人がこだわった、ほどほどにという程度を越えないことをすすめるものに限定しておきましょう。

・言わぬは言うに勝る
・礼も過ぎれば無礼
・十分はこぼれる
・六、七分の価値を十分となす
・花は半開、酒はほろ酔い
・長口上はあくびの種
・身知らずの口叩き

ただこれらもそうですが、ことわざは概して教訓的なだけにおもしろみに欠け、進んで口にしようという気になりにくいところがあります。その点、川柳はおもしろいのでつい人に言ってみたくなる。

ちなみにことわざと川柳入りの会話ではどうちがうのでしょう。

「メタボ健診が近いので、食事は控えめにしています。『腹八分目』です」

「お酒も『三杯は身のクスリ』と言い聞かせて自重しています」

「何事もほどほど。『過ぎたるはなお及ばざるがごとし』ですね」

これがことわざ入りの会話だとすれば、川柳入りだとこんなやりとりだって考えられます。

「女房が僕の太鼓腹を見て嫌みを言うんだよ。『メタボ人太っ腹とは限らない』って」

「ハハハ、そりゃおかしい。うちは女房がメタボでね。腹八分目にしないと、と注意しても、こんな川柳で返してくるんですよ。『もうダメと頭は言うが箸が出る』」

ここで用いた句は、ぼくが選者として『毎日新聞』（大阪）でやっている「近藤流健康川柳」の作品です。これまでの健康川柳の中からことわざ以上と思える作品を挙げておきましょう。この種のいい川柳は作者を離れて一人歩きするものなので、ここで紹介する作品も作者名は省略させていただきます。

悩んでも悩まなくても朝は来る
健康は健康な時気付かない
一病を持って他人がよく分かり

この痛み生きてる証と言い聞かせ
気にしても気にしなくても歳は行き
幸せの数だけ数えまた明日
いやな事見ない聞かないしゃべらない
声を出せ出せば必ずすっとする

どうです、いい一言になるでしょ。

そのほか映画のせりふの一言、たとえば深作欣二監督の『仁義なき戦い』で菅原文太と松方弘樹演ずるヤクザの幹部のこんなせりふはどうでしょうか。

「俺たちどこで道間違えたんかのう」

職場の同僚とよく話題になるのは自らの半生やこれからのことです。そんなときにこの一言、味がありますよ。○○さんらしいなあ。人望も増すかもしれませんよ。

もう一言

ビジネスの世界には法則化した言葉がたくさんあります。以前、『日経新聞』に出ていたんですが、たとえば「平均値に明日はない」。平均的なものに新しい芽はないという意味です。極端に値が低いところ高いところにトレンドのポイントがある。そこを見逃さないようにというわけですね。

会議などでは生きてくる一言ではないでしょうか。

14――自慢話は人を遠ざけ、失敗談は人を近づける

自慢話はいろいろあります。

モテたと自慢する男がいます。「まいっちゃったよなァー」などと言いながら、聞きたくもないその一部始終を話す。

本当にモテる男は、そんな話をいちいちしていたら際限がありません。ことさら話すべきこととも思っていないのです。また、そんな余裕が女性を魅了して、モテにモテるのだと思います。

そうだとすると、モテた話をしたがる男は、たいていがモテない男ということになります。でも、その自覚がありませんから、聞かされる側はなおのことしんどいのです。

妻自慢をする男もいる、と聞いたことがあります。

ほかのところでも紹介したことがあるのですが、こんな話です。

才色兼備の妻を持つ男が、社内の若い女性たちと飲みに行きました。あれこれとりとめのない話をしていると、男の口から「妻がね」「妻がさ」と、妻がよく出てくる。「○○さんって、愛妻家なんですね」の声に、その男は「いやあ、そんなことないよ」と照れたように言って、「それがさ、笑っちゃうんだよね。あれでミス・キャンパスだって言うからさ」と妻がミス・キャンパスだったことをさりげなく明かす。「ええー、じゃさぞかし美人なんでしょうね」などと聞かれると、「たいしたことないよ」と受けて、再びこう言う。

「それでもっと笑っちゃうのがさ、スチュワーデスしてるときにミスコン荒らしだったって言うからさ」

「笑っちゃうのがさ」とさもけなすふりをして自慢しているわけで、なかなかの話術です。

話を身近にしてわが新聞社での自慢話と言えば、やはり特ダネをいかに取ったとか、派手な取材合戦の話に代表されます。

その昔、社会部時代の上司は容疑者を護送するパトカーのすぐ後ろをタクシーで追いかけたそうです。ところがこの話が口から口に伝えられるうちに、タクシーから飛び降りてパトカーを止めたとか、いやパトカーの後ろに飛び乗ったんだとか、たいへんな武勇伝に変わっていました。

ですがこんな話、どこかバカげていますし、今なら「いい時代だったんですね」ぐらいの反応しかないのではないでしょうか。

やはり自慢話はのど自慢のほかはペット自慢、年輩の方なら孫自慢ぐらいにすべきでしょう。「音大に入れてやりたい孫の歌」。こんな川柳があったと記憶していますが、孫へのストレートな思いはにくめないものです。

しかし自分をひと角の人間に見せたいとか、すごいと思わせたいと思って口にする自慢話を聞いて、その人をよく思うことはまずありません。

ましてその人が人望のある人に思えるなんてことは、まずあり得ない。なんだかいやな奴だなあ、大げさに言ってるんだろうと思われるのがオチでしょう。

人間、最善を尽くせば足るのであって、自分を許していいように言うなど、まともな言動とは思えません。本当に自分というものがわかっていれば、謙虚になるのがふつうなのではないでしょうか。そのぶん一言の重みが増すのではなかろうかと思います。

自慢話をとくとくと話す人の言葉はどこか軽く、相手も聞き流していることでしょう。「伝わる力は言葉数に反比例する」。そんなふうに言うこともできるでしょう。

むしろ相手に届き、心の距離を縮められるのは失敗談です。自らの過ちやとんだ失敗。手痛い目にあったこと。成功談を自慢げに語られるより、へえ、この人がそんなへマをやるんだと思うと、なにか親近感を覚えたりするものです。

また失敗談にはくむべき教訓がありますから、ああだこうだの理屈っぽい話よりストンと胸に落ちるんですね。自分が信頼するこの人にもそういう失敗があって今があるんだな。そんなふうに思ってもらえれば、失敗したかいもあるというものです。

若い社員が取引先との商談がうまくいかなくて落ち込んで帰って来た。人望のある人の話し方はきっとこうでしょう。

「まあ、そんなこともあるよね。ひとつ学んだということかな」

通過点にあるというメッセージを持った言葉なんですね。そしておもむろにそんなこともあるよね、と自らの失敗談を静かに語ってみせる。若い社員にはそれが次の仕事に生きてくる。人望のある人はこんな場面でも仕事をこなしているのですね。

もう一言

ジャック・キャンフィールド&マーク・ビクター・ハンセン編著『こころのチキンスープ』によると、アメリカに作者は不明ながら「人生のルール」というのが伝わっていて、そこにこんな言葉があります。

「失敗は存在しない。あるのは教訓のみ」

そして、こう続きます。

「教訓は修復するまで何度も繰り返される」

つまりは失敗は何度も繰り返される、それが人生だというわけです。大いに失敗談を語り合ってたがいの教訓としたいものです。

15――人望を増すこんなウソ

正しいことを言うのは控えよう、とすでに言いました。

だからといってウソがいいというわけではないのですが、そのとき、その場に必要なウソもあるでしょう。そういうウソは人格をおとしめるものでは決してありません。

ただ明らかにウソと思われるようなウソは好ましくない。相手だってそんな見え見えのウソをつかれたら、いやなものでしょう。ですからここでおすすめのウソは、ウソと言えばウソだが必ずしもウソではない、そんなウソです。

たとえばみんなの気持ちを鼓舞して弾みをつけてくれるようなウソに、こんな例があります。

平成十九年春のセンバツで初出場ながら決勝進出を果たした岐阜県・大垣日大高校の

阪口慶三監督は、愛知県の東邦高校時代に甲子園優勝経験もある名将です。大垣日大も就任わずか二年で甲子園に導いたのですが、準決勝の対帝京戦前夜に選手たちにこう言ったそうです。

「勝とうとしなくてもいいぞ。明日の十時に帰りのバスを用意してある。カッコはついたから負けて帰ろう」

監督の本心はどうだったのでしょう。勝ちたい。それは当然だけど、負けてもたしかにカッコはついている。半分本当で半分はウソと言ったところでしょうか。

初めての甲子園。それも準決勝を戦う選手たち。阪口監督は重圧から解放してやろうと考えたのだろうと思います。その結果、彼らは準決勝を勝ち進み、決勝戦で敗れたものの晴れやかな笑顔を見せていました。

高校野球ではこういう一言がものを言います。

かつて清原、桑田を擁するPL学園と決勝で対決した茨城取手二高の木内幸男監督（後に常総学院監督）は、九回裏で四対四の同点に追いつかれて、ベンチに戻ってくる選手たちにこう声をかけたそうです。「よかったなあ、まだ甲子園で野球ができるぞ」

選手たちはそれで開き直ったのか、延長一〇回表に一気に四点をあげてPL学園を降し初優勝しました。NHKのアナウンサーだった方の著書で知った話ですが、なるほどなるほどですね。

プロ野球ではこんな話も伝わっています。

元西鉄ライオンズの豊田泰光氏が『日経新聞』のコラムに書いていました。

〈監督の演説で忘れられないのは西鉄時代の三原脩監督の「今日は負けてもいい」だ。一九五六年、対巨人の日本シリーズ第一戦。後楽園球場のロッカーで我々は監督の威勢のいい言葉を待っていた。

このシリーズは巨人を追われた三原監督のあだ討ちの場だった。ところが監督は「今日は負けていい。じっくり相手をみなさい」と言った。拍子抜けだったが、その言葉の意味に後で気づいた。

初戦は落とした。しかし負けてOKと思っていたので慌てなかった。川上哲治さん、別所毅彦さんら主力の高齢化の様子もうかがえた。西鉄は第2戦から力を発揮して勝った。もし、第1戦で、あのまま「勝つぞ」と入れ込んで負けていたら、どうなったか〉

さて職場です。ある運送会社の女社長はダメ社員をなんとか働かせたいと思って「あなたのいいところは、明るさなのよ。あなたがいてくれるだけで、みんな元気をもらってるのよ」と言ったところ、その社員は本当に張り切って働きだしたそうです。

その女社長の言葉はウソ？　そこは微妙なところなのですが、かりにウソだとしても、こういうウソはむしろ推奨されるべきではないでしょうか。

河合隼雄氏は著書でこう書いています。

〈素晴らしいと思ってもいないのに「素晴らしい」と言ったり、似合っていない服を「似合ってる」と言ったりする必要はない。しかし、よく観察すると、ウソではなく、何か良いことが言えるはずである〉

一言でなにかよいことを言う。たとえば――

「なかなかですね」

「さすがですね」

どうでしょうか。ともに人望のある人からいただいた一言です。

もう一言

「良い結果をもたらすウソは、不幸をもたらす真実よりいい」。ペルシャのことわざです。

16――仕事と遊びのあいだにある人望

二元論というのがあります。

正直―不正直、幸福―不幸、成功―失敗、善―悪、公―私、健康―病気、生―死……極端になりますが、戦争か平和かの選択も二元論です。

しかし二元論ってどうなんでしょうねえ。善人の中にも悪はある。公人にも私的な世界がある。健康にこだわりすぎると健康病になる。生きていく私は死んでいく私で、現に「生死一如」、つまり生死は一体という言葉もあります。

異なるものが織りなして事態は進行します。たいていがそうです。苦楽と言いますが、苦に楽もあり、楽に苦もあります。

同じ理屈で仕事の中にも遊びがあり、遊びの中にも仕事があるのです。勉強と遊びの関係だって同じでしょう。

柏木哲夫氏は世に知られたホスピス医です。大阪の淀川キリスト教病院で死を看取ることを仕事としていたころ、一日の終わりにスタッフを集めて「本日のユーモア」という時間を持っていたそうです。

一日にあったことをユーモアを交えて紹介し合う。仕事が仕事だけにそういう時間を持って一日の終わりとしたわけです。

仕事の中にある遊び、遊びの中にある仕事で、この心はきっと患者さんにも伝わったことでしょう。

今日の職場に必要なのは遊び心を通してのコミュニケーション、そのコミュニケーションを通しての共感、さらにはそこから生まれる創造のエネルギーではないでしょうか。

大阪道頓堀のグリコのランナー看板は有名ですが、二〇〇三年に阪神タイガースがリーグ優勝した際、そのランナー看板は阪神選手の縦縞ユニフォーム姿に変わりました。何度もマスコミに取り上げられ、その回数を広告スペースやCMに換算したところ五億円に上ったそうです。

スポーツウエアメーカーのデサントの社員が発案したのですが、社員同士、なにかおもろくて、好きなことできんやろかというノリで雑談中に生まれたアイデアだそうです。子どもの頭で考えたようなところがよかったのでしょうか。こんなふうに大ウケした意外な発想も遊び心から生まれるものなんですね。

ある外資系企業の広告でこんなコピーがありました。

「幸せはシワと汗でできている」

額に汗して、ああ幸せ。こういうオヤジギャグっぽいコピーが似合う企業って、みんなも楽しそうに仕事しているんだろうな、なんてつい思ってしまいます。

オヤジギャグと言うととかくバカにされたりするものですが、このところそんなオヤジギャグがじつはけっこう貴重なのではないかと見直す向きもあるようです。なんだかんだ言ってもオヤジギャグに本気で目くじらを立てる人はまれです。「コーディネートはこうでねえと」とか、「秘書がヒショヒショ話なんちゃって」、あるいは「やけにきれいな夜景だね」などと口にする中高年男性に女の子は「さむ」なんて言っていますが、心のどこかで親しみや人間味を感じたりしているものです。

オヤジギャグはとりすまして生きている人からは出てきません。オヤジギャグの持つ気取りのなさが受け入れられる世界であれば、そこにはいろいろ言葉が通い合い、スムーズに流れている空間なのだと思います。

職場でもどこでもそうですが、共感を持てない空間にはやはりそこに他人に服を脱いでものを言えと言いながら、自分は脱がない人間がいるからです。

もっともオヤジギャグの乱発はいけません。くどくなりますと本当に「さぶ」になってしまいます。何事もほどほどです。そこはさらっとひとさじがよろしいようです。

真面目も過ぎると不真面目にも及ばないと言われますが、仕事と遊びのほどのいいところにいるのが多くの人から人望を集めている人なんですね。

時に「四十にしてマドモアゼル」なんて言ったりして。

もう一言

先に紹介の柏木氏はぼくも出演している毎日放送ラジオの「しあわせの五・七・五」で、週一回、患者さんと川柳を一句ずつやりとりする約束をしていた、とホスピス医当時のこんなエピソードを披露していました。

「たとえばある日は私の句。『見舞い客化粧直してすぐ帰り』。彼は笑って、こんな人いますよね。彼の返句がすごいのです。『寝て見れば看護師さんはみな美人』……こういうことができると、日々のつらさ、沈うつなところからすっと上にあがることができるんです」

一種のユーモア療法ですが、五・七・五のこんなやりとり、今日の職場でもやったらいいなあ。

17――人望のある人のほめ言葉

人間関係でなにより心がけたいことは相手のいいところを見つけることではないでしょうか。

世間一般ではマイナスの印象で言われること、たとえば「堅苦しい人だ」などと言われる人であっても「不器用な人なんだ」と見れば、それはそれでその人の持ち味となります。

人間の良し悪しも見方で変わるわけですから、世間一般の一定の物差しでとらえてこれはこうだと決めつけないようにすべきでしょう。移り気な性格というのも好奇心旺盛、引っ込み思案も慎重と見方一つでキャラクターもちがってきます。

ある自治体の催しで講演して会場のみなさんの感想結果をいただきました。

多くの方がそれなりにほめてくださっていたのですが、話しつつ涙を流したことを聴衆の一人が少し批判的に書いていました。ガン末期の人の話をしていて不覚にも声を詰まらせ涙ぐんでしまったのですが、好評だった感想よりたった一人のその声が気になってしかたありませんでした。

ある小学校でクラスの先生が友だちの良いところ、悪いところをおたがいに書かせて各自に配ったということです。もらった子は良いところなどそっちのけで、そこに書き込まれた悪いところばかり頭にこびりついたのではないでしょうか。

さて職場に話を移します。

仕事をしない、あるいはできない部下のことで悩んだ体験はありませんか。これには二つのタイプがあります。一つは現在の部署に合っていない。もう一方はさぼるタイプです。

部署に合っていないほうは能力的にもマッチしたところへ異動してもらうのが一番かもしれませんが、問題はさぼるタイプです。能力はあるんだけどさぼっていて仕事をしない。どういう言葉でやる気を起こさせるか。

まずはほめることだと思います。こんな言い方があります。

「今はたいていのことはコンピュータがやってくれるから、なにもかも無難でオールマイティな人間はいらない。むしろ君のように遊び心を持った人間が必要なんだ」

「君の遊び心」なんて一種の殺し文句ですよね。

「君のような遊び心のある者にしかヒット商品は作れないかもしれないよ」なんて言い方もあります。さぼりというのは言ってみれば個性の強いタイプです。ほかの人材にはない力を持っている。いったんやる気になれば、とことん仕事に打ち込むのではないでしょうか。

持ち味をほめて、やる気を引き出すのが上司の役目でしょう。ただし部下が心を動かされるかどうかは、上司であるあなた自身が部下からどのように見られているかに左右されます。男はとにかく仕事だといった指導をしていた上司が、突然のように遊び心と言ってもなんの説得力もありません。

思いついたときに突然ほめたりしても部下は心を開いて聞いてはくれません。ふだんのあなた自身がどうなのか。つまり人望の有無とかかわるわけです。人望の積み重ねが多くの部下をして「この人のためなら」と動きだすわけです。

遠藤周作氏がよく言っていました。マイナスはプラスになる、と。病気というマイナスだってそうです。「健康は健康な時気付かない」と川柳に詠まれるとおり病気をして無事であること、すなわち事が無いことがいかにありがたいか、あるいは一日一日がどれほどかけがえのないものかなど、多くのことに気づかされます。

退院してきた同僚には「入院中はたいへんだったでしょうが、無駄じゃない時間だと思いますよ」といった励ましが大切かと思われます。

人間誰しも自尊心を持っています。存在を認めてもらって自分を確認しているものです。名前を呼んでもらった。それが嬉しかったという話も聞きます。名前、すなわち、自分の存在証明の最たるものなんですね。

相手を認めるは相手をほめるに通じます。手紙や葉書を整理していてもほめてくれた内容のものは取っておきたい。それが人間なんです。年賀状に尊敬する上司が「去年はいい成果を残してくれてありがとう」と添え書きしてあると、取っておきたい賀状になるでしょうね。

愛知県の自然科学研究機構・生理学研究所の研究グループがほめられたときの脳の動きの研究結果を発表していました。

それによると、言葉をつかさどる部位よりも食べ物やお金をもらったときに反応する部分の血流が活発になっていたそうです。ほめ言葉は報酬なのですね。道理でやる気が出るわけです。

ほめるということでもう一つつけ加えます。何がよかったか、具体的に挙げることが大切なんですね。そしてもう一点、先にふれた視点、すなわち見方を変えればプラス評価できるのに、別の見方でマイナス点をつけた物言いをしてしまった。そういうことに気づけば、そのことを正直に話してこうおっしゃってください。

「ぼくの見方に問題があったようですね」

もう一言

人間関係学の大家、デール・カーネギーにこんな言葉があります。

「自分を認めてもらいたいという欲求は、時に食欲や睡眠欲よりも高い」

18――人望は笑顔に宿る

人間の筋肉は使わないと衰える。これは当たり前のことです。

顔の筋肉、つまり表情筋も使わないと衰えます。これも当たり前のことでしょう。

だからね、とぼくはもっと笑ったら、とすすめています。笑えば健康にいいのはもちろん生き生きしてきて若く見られるよ、ともつけ加えています。

最近は林啓子・筑波大大学院准教授の監修で健康雑誌が紹介していた「笑み筋体操」もすすめています。

両手をこすり合わせて「気」を集め、その両手をおでこに当てて「い～顔」と言いながら横に伸ばしたりするのですが、やっている自分自身がおかしくなって笑えるので、この体操はとてもいいのです。

でも、もともと感情の水門をオープンにするのが苦手な男性は、笑いを心がけたり、ドイツの有名なことわざ「にもかかわらず笑う」という気持ちにも乏しく、女性に比べると笑いが少ないのはたしかです。

それどころか疲れた感じで暗い表情をしている。いやだなあ、俺の顔……なんて、ふと自分の顔を鏡で見て思うこともあるのではないでしょうか。考え事をするときなど眉《み》間《けん》にシワを寄せる人は気をつけないと。

そうそう、東大の原博先生が提唱している「顔訓一三箇条」に「眉間にシワを寄せると、胃にもシワができる」「目と目の間を広げよう。そうすれば人生の視野も広がる」ともあります。

いや、そのとおりです。視野の広がりは人間の大きさ、ひいては人望とかかわってくるでしょう。

この項のテーマは人望と笑顔なわけですが、映画『男はつらいよ』で一番人望のあったのは妹さくらの旦那さんの博さんですよね。しかし誰からも信頼されるその博さんが、ときどきこう言うんです。

「いいなあ〜、君の兄さんは……」

信頼されてる人間がまったく信頼されていない寅さんをうらやましいと思う。ここがおもしろい取り合わせなのですが、人それぞれ役回りがちがうのが人間社会なんですね。

ぼくが抱いている印象なのですが、寅さんと博さんは笑顔がちがいます。

寅さんは四角四面の顔で細い目をさらに細めてとても人なつっこい。あの笑顔だと引きこもりの少年でも心を開くのではなかろうか。そんなことさえ思ってみたりします。

一方博さんの笑顔は、たとえばそうそう、宮沢賢治の『雨ニモマケズ』に「慾《よく》ハナク／決シテ瞋《いか》ラズ／イツモシヅカニワラッテヰル」とあるあの静かな笑いです。

ぼくは静かな笑いイコール人望ではと思っています。

仏教ではお金などなくても誰にでもできる布施として「無財の七施」が説かれています。

そのうちの「和顔施」が「シヅカニワラッテヰル」と相通じるのではないでしょうか。

もう一つ、思いやりのこもった言葉として「言辞施」があります。これを「愛語施」と言いかえて、「和顔施」と「愛語施」で「和顔愛語」を唱えている僧侶もいらっしゃいます。

人望のある人には「和顔愛語」が備わっているのではないでしょうか。

さっきの「顔訓一三箇条」に「楽しい顔をしていると、心も楽しくなる。人生も楽しくなる」ともあります。楽しいから笑う。そのとおりです。笑うから楽しい。そのとおりです。

また「いい顔、悪い顔は人から人へ伝わる」とあります。これもそのとおりです。

笑顔一つなく難しい顔をしている気詰まりな人と一緒にいたいわけがありません。人望があって静かに笑っている人。今日の共感に乏しい職場ではとりわけ貴重な存在ではないでしょうか。

もう一言

笑う。そんなに難しいことではないのです。「でも」「いや」「ただ」といった否定の言葉で人の話を受けたり、いろいろマイナス言語を口にしないように努める。これだけでもおのずと笑顔が増すそうです。

19――人望のある人は「忙しい」「疲れた」は言いません

自分も周囲もマイナスの悪影響に染まりそうな言葉の代表格は「忙しい」「疲れた」です。

「忙しい」をむやみに口にしながら仕事を終え、「疲れた」をまた連発する。ついつい出てしまうのでしょうが、「忙しい」「疲れた」は自分のやる気にもマイナスに働くでしょうし、周囲の人だって気分が重くなることでしょう。

口癖にしてもそう言ったところで忙しさが変わるわけでもなく、疲れが取れるわけでもありません。

忙しいの「忙」という漢字は心を亡くすと書きます。心を亡くす状態を続け、そのつど「忙しい」と口走っていては体にいいわけないですよね。

それで思い出したのですが、建築関係の仕事で働きずくめだった友人の父親がある日洗面所で倒れました。脳梗塞《のうこうそく》でした。病院に運ばれる車中、しきりと腕時計を見ていたそうです。すでに意識は曖昧《あいまい》だったと言いますから、それは無意識の行為だったのでしょう。

時間には厳密な人とかで、家で倒れて車に運び込まれる際も「時計、時計」とか細い声を上げて家族に腕時計を着けさせたそうです。腕時計を見ては時間に追われ、「忙しい」と口にしていたであろう日々が察せられるようです。

大自然の中で生きてきた人間の本来的な姿からすると、しきりと腕時計を見てせかせか動き回るといった生活は、自然の摂理にはもちろん人間の生理にも反するものです。

時間に縛られず、ゆったりと生きる。それこそが人間の望ましい生き方にちがいないのですが、そうもいかないのが現実でしょうか。

せめてバス停や信号待ちの交差点に立っているときなど、雲を浮かべた遠くの空や緑の木立を眺めてみませんか。なにかしら気持ちが落ち着いてきます。心身が自然と同調して心を取り戻すことができるからでしょう。

バスの時刻表を見て遅れに苛立《いらだ》ったりしないで、遠くに目をやってください。いずれバスは来るのですから。

朝など、いくらバタバタしたところで短縮できる時間は十分程度だと言います。それなら時間を見計らってバス停へばたばた急ぐといったことはやめ、適当に家を出てはどうでしょうか。バス停の時刻表を見てみんながイライラしているというのは、日本独特の光景だそうです。

ところで本当に忙しくて体だって疲れているだろうに、「忙しい」「疲れた」を口にしない方もいらっしゃいます。

「たいへんでしょう」と声をかけても、「うーん、そうね」「まあーね」と決してたいへんだとは言いません。といって変に我慢しているふうもない。どこかで調整しているのでしょうか。

忙中閑ありと言いますが、忙しい中にあっても暇はあるものです。ゆったりできる暇の過ごし方を心得ているから、あわてたところがないのでしょうか。

決してあわてず、騒がず、静かに仕事をこなしている人。人望はおのずと集まってくるでしょう。
ちなみに静というのは心理学的にも人に信頼されるうえできわめて有効とされていま
す。

もう一言

遠藤周作氏は「明日できることを、今日するな」というトルコのことわざや「明日のことを思いわずらうなかれ。今日のことは今日にて足れり」という聖書の言葉を引いてエッセイでこうおっしゃっています。

〈明日の仕事までガツガツ、今日のうちにやるような奴は結局は出世しても、人間として、人生として損なのだという意味なのであろう〉

そう、人望のある人はガツガツしていませんよね。

第2部 人望のある人の「日常生活」

20――異質なものを受け入れる器量

野球の世界には正しいフォームが存在します。型です。芸能の世界なども流儀がありますから、やはり型にこだわらなければなりません。

しかし一流の選手や芸能人には型破りな人がいます。メジャーでも立派に通用した野茂のトルネード投法は独特でした。日米で打撃記録をつぎつぎ塗り変えているイチローの振り子打法も型にははまっていません。

ともに日本での監督は仰木彬さんでした。ぼくも存じていますが、お酒が好きでした。女性にも優しい方で、自らも型にはまらない監督でした。野茂、イチローにはそれが良かったのではないでしょうか。

こうだからこうだ、といったこだわりの少ない人のもとで、人は大きく育つものです。笑福亭松之助さんは明石家さんまさんの師匠として知られています。今はどうかは知りませんが、自らの名刺にも「さんまの師匠」と刷り込んでいました。しきたりや慣習などさして気にしない師匠です。上方落語の名門「笑福亭」にこだわらず、自分が明石姓だからという理由で「明石家」とつけ、さんまさんの実家が魚の開きをつくる商売をしていたから「さんま」と名づけたわけです。

さんまさんは芸能界をスイスイと泳いで天下をとりました。それも型にはまらない師匠がいたからこそだと思います。というよりそういう師匠だとわかっていて師事したのかもしれませんが。

異質なものを受け入れるというのは、その人を認めるということです。

人間は多様です。なにしろ二万あまりの遺伝子を持っているうえに一人ひとりの人間はそれぞれに異なる日々を送っています。後天的な面でもちがったものを身につけています。

その人だけの個性を持っていて当然なわけです。ですから多様な見方でもって個性に接するということが、師弟間や親子をはじめどんな人間関係でも大切なことでしょう。

AかBかの二元論に陥ってはいけないとすでに述べました。A or B、Yes or Noでいくから争い、対立、さらには戦争まで起きるのです。

アメリカの大統領選でオバマ氏が出てきたのも、AとBの異論を認めてそのあいだを取り持つ「妥協」を主張したその新鮮さにあったのではないでしょうか。オバマ氏については あとでまたふれさせていただきます。

人間のタイプにもタイプA、タイプBの二つがあることはよく知られています。タイプAはせかせかしていて細かい。競争心も旺盛。それに比べタイプBはのんびり屋で争いも好みません。

AはBを見ると、いらつく。一方BはAの存在自体にストレスを感じる。そこに両者を取り持つ人間が求められるのです。

AとBの中間というのではありません。AもBも超えたところにいる人、そう、人望のある人こそがその人たちです。

さきに述べた器量も持ち合わせていて、「ほど」ということも心得ていると思います。

「○○せねばならない」あるいは「○○すべきだ」などと人に無理強《じ》いはしない。タイプAとタイプBが対立していたら、妥協点をうまく見つけ出そうとするでしょう。

人望のある人は議論や説得することを好みません。考えを押しつけるより、おたがいが話し合って折り合える答えを見いだす。そんな努力を大切にする人たちです。

人間のいい面、悪い面は表裏を成しています。タイプAとタイプBがそれぞれのいい面を自分のものにすれば、素晴らしいAB人間になるのではないでしょうか。

生き方と自分の体験の中で、そういうことがわかっているのが人望のある人なのです。頭から否定したりする言動はとりません。

「あっ、そうきましたか」

「なるほど、それはおもしろい考えですね」

「そうだったんですか」

こんなことを言いつつ、AとB双方を取り持ってたがいの問題点を気づかせる。人望のある人の存在が増せば増すほど職場の対立感情はやわらいでいくことでしょうね。

もう一言

作家の城山三郎氏が河盛好蔵氏との対談で「今の実業家はどうですか」と尋ねられ、次のように答えています。

〈Aクラスしか頭にない人とそうでない人といます。いい実業家の例で言えば、本田宗一郎さんは『私の手が語る』という本で、人間には右手と左手とある、たとえば金槌を叩くときに右手は動きが目立つからみんなが注目するけれども、実は受けているほうの左手もなくてはならないし、ときには叩かれて傷を受ける、だからその左手を大事にしなくちゃいかん、という言い方をしています〉

右手も左手があってより力が発揮できるんですね。

21──「あの人間なら」と思われる人にある人望

私心、つまり自分の欲望や利益追求を第一に考えることですが、人望のある人とはおよそ縁遠い心でしょう。

政治家や経済人など数多くの伝記を残している城山三郎氏は新聞のインタビューでどんな人に関心を持つかと問われ、こう答えておられました。

「私心がない人です」

総会屋との癒着《ゆちゃく》など企業の不祥事が続発したころ、氏を茅ヶ崎に訪ね、お話をうかがったことがあります。「トップに気概がないとだめですよ」と強調されて花王の社長だった丸田芳郎氏の名を挙げ、株主総会の工作など一切せず気概で臨んだ方だというエピソードを話してくださいました。

城山氏の作品では戦争や高度成長、国際化と変動の世を堂々と渡ってきた人たちがよく取り上げられています。そして世のため人のために生き抜いた人たちの姿が印象深く描かれています。

代表作の一つである『もう、きみには頼まない』は経団連会長を長く務めた石坂泰三氏を描いて、戦後一番の大物財界人をすっくと立ち上がらせてみせました。

城山氏は『週刊文春』の阿川佐和子さんとの対談（城山三郎編『失われた志―対談集』にも収録）で石坂氏について次のように語っています。

阿川　どういうところが興味深い人物ですか。

城山　『もう、きみには頼まない』と題名にもしたけど、石坂さんは頼むとか頼まれるということの重さを、しっかり受け止めている人なんですね。普通の人なら、第一生命の社長までやったんだから、いまさら大量の人員整理をするか大型倒産かと言われている東芝に行かなくてもと思うでしょう。でも、彼は、きみしかいないと頼まれた以上、自分の生命の危険があったって、東芝の社長をやるんだと引き受ける。

阿川 勇気がありますね。

城山 ある意味では、何回も命を賭けるようなことをするわけですからね。一番劇的なのは、東芝で、今までの社長や役員は組合から逃げ回っていたのに、石坂さんは社長になると、自分から組合の事務所に乗り込む。こういう、一種の蛮勇とか愚直さを持って王道を歩む人が現代にはいないんですよ。そういうところが好きだし、やっぱり書こうかな、書けるなと思うようになったんです。

これを読んでもおわかりのとおり城山氏のこだわりはその人の志であり、一人の人間としての生き方なのです。使命感や理想を持った人間の正々堂々たる生き方こそが氏に「書こう」と決断させていたのです。

氏はみんなが「あの人間なら」と思う人格の大切さについてやはり『失われた志』で次のように語っています。

〈今までの「右肩上がり」の時代では、実力や実績があるとかないとか、人間がどうだということを問わないで、誰がやっても同じという雰囲気があった。そうすると出世していく人は、コネがあるとか毛並みがいいとか、いい学校を出ているとか、人間関係がうまいとか、そういう人ばかりが役員になる。本当に実力がある人、ほんとうに人物ができている人間は、みんな置いてけぼりにされてきた。だけど、「右肩上がり」が止まると、むしろその逆になっていってる。今まで置いてけぼりにされてきた人にとって、チャンスの時代が来ている。変化の時代には、「あの人間が来るなら信用して取引しよう」という、「あの人間なら」という人格がものを言ってくる。「あの人間」になるチャンスだと思いますね〉

ここで氏がおっしゃる「あの人間なら」は私心がない人に通じるのはもちろん、ぼくらがふだん「あの人の話を聞いてみたい」などと思ったりする「あの人」とも人間的に重なるように思えます。

「あの人の話は聞きたくない」というその人はきっと偉そうで押しつけがましくもの言う人、あるいは肩書きでもの言うような人でしょう。いけ好かないという感情だけではなく、みんなはその人との間に距離も感じているんですね。

それに比べると「あの人の話を聞きたい」の「あの人」は、それはそれはいい距離感を持った人なのです。人生経験もあり実績もある。でも権威を感じさせない。親しみやすさもあって、けっこう普通の人なんだと思わせるところもある。もちろん人の話も聞いてくれる。こういう人にぼくらは好感を持ちます。こういう人にこそ人望が集まるのだと思います。

もう一言

友人のA君の家に似顔絵入りのファックスが一枚送られてきました。

「このたび『Aさんと飲もう会』を立ち上げました！つきましては――」

A君は城山氏ふうに言えば自分の「本懐」を大切に生きている印象があって、笑顔を浮かべ「気楽にやっているよ」が口癖です。それがいいのでしょうね。そんなファックスが届けられるのも職場で「あの人なら」と思われているからなんですよね。

22――「たかが人間、おたがい様」がつくる人望

人間、いくら老境にさしかかっても俗世間との関係は絶ちがたいものです。

藤沢周平氏は短編『静かな木』で古寺の境内に静かに立っている晩秋の欅《けやき》を眺める隠居の武士、孫左衛門の胸中をこう描写しています。

福泉寺の欅は、闇に沈みこもうとしている町の上にまだすっくと立っていた。落葉の季節は終わりかけて、山でも野でも木木は残る葉を振り落とそうとしていた。福泉寺の欅も、この間吹いた強い西風であらかた葉を落としたとみえて、空にのび上がって見える幹も、こまかな枝もすがすがしい裸である。

その木に残る夕映えがさしかけていた。遠い西空からとどくかすかな赤味をとど

めて、欅は静かに立っていた。

――あのような最期を迎えられればいい。

ふと、孫左衛門はそう思った。


しかしながら、世俗を隔てた老境はやはり理想でしかない、とあとで思い知ることになるのです。こう述懐して人生への感慨を深くしています。

「ふむ、生きている限りはなかなかああいうふうにいさぎよくはいかんものらしいて」

ある高僧に言わせれば、人間は生きているかぎり煩悩《ぼんのう》があるのだそうです。ですからもう迷いがなくなったと悟ったようなことを話す人には、「誠にご愁傷なことで」と言ってやればいいという話でした。つまり煩悩があってこその悟り、煩悩がなくなるときは死ぬときだと言うわけです。

そう言えば江戸後期の高僧で「博多の仙崖《せんがい》さん」として親しまれた仙崖和尚の最期の言葉を思い出します。

「死にとうない、死にとうない」

これには弟子たちも聞きまちがいではと耳を近づけるのですが、仙崖さんは「ほんまに、ほんまに」とつけ加えたと伝えられています。

この逸話の解釈はいろいろあるのでしょうが、ぼくは言葉どおりに受け止めています。そういう言葉とともに、人間のなんたるかを教えてくださったのだと思ってみたりするわけです。

結局、人間の現人《うつせみ》など知れたもの、もっと言えば「たかが人間」ということではないでしょうか。

しかしたかが人間という目で世の中を見れば、息をするのも楽になる感じがあります。人間関係でいろいろあっても、たかが人間、おたがい様――そう思うと、嫌いだと思っていた人に対しても「どうのこうの言えた義理か」と思い直すことができます。

もう一度、藤沢氏に登場願いましょう。氏の『三屋清左衛門残日録』に残された日々を生きるやはり隠居の武士、清左衛門の次のような考えが書かれています。

〈衰えて死がおとずれるそのときは、おのれをそれまで生かしめたすべてのものに感謝をささげて生を終ればよい。しかしいよいよ死ぬるそのときまでは、人間は与えられた

命をいとおしみ、力を尽くして生き抜かねばならぬ〉

一種の死生観ですが、氏は「きいたふうなことを書かなきゃよかった」とあとあとまでひっかかっていたようです。ぼくなどには心に残る言葉で読み返して味わったものですが、それはともかく氏自身の終章はどうだったのでしょうか。

一人娘の展子さんの『藤沢周平　父の周辺』に藤沢氏の遺書めいた文章が紹介されています。

奥さんの和子さんに「ただただ感謝するばかりである」と記し、「満ち足りた晩年を送ることが出来た。思い残すことはない。ありがとう」と結んであります。

展子さんの著書には生後九日目の孫（展子さんの息子の浩平君）と対面する藤沢氏の写真も収められています。初孫を抱くその表情がじつにいいんですね。

藤沢氏は半生に自ら「胸がつぶれるような」と書く悲しみを刻み込んでいます。三十二歳で結婚して長女展子さんをもうけますが、出産八ヵ月後に妻の悦子さんを失います。ガンだったそうです。

その後、和子さんと再婚して築いた家庭が藤沢氏の創作の支えとなりますが、そんな氏にとって初孫の誕生はそれこそ天から与えられた宝にも思えたことでしょう。

氏は一九九七年のはじめに先に紹介のとおり「感謝」という言葉とともに人生を閉じています。後半生は清左衛門の「残日」とどこか重なるように思えます。

「残日」、すなわち「日残リテ昏ルニ未ダ遠シ」と、単に残る日を数えるのではなく、日々に緊張感や張り合いを自身にも求めた姿がしのばれるからです。

話が少し横道にそれたようです。こだわるべきテーマは人望です。いや、横道にそれたわけではありません。少し遠回りしただけです。

苦学して中学校の先生になったものの胸を病んで教壇を去る。大手術に耐えて回復後は業界紙の記者になり、そのかたわら創作に励む――聖も俗も生も死も飲み込んで人生を持ちこたえてきた藤沢氏が、たとえば職場にあって部下の相談を受けたとしたらどう答えるだろうか。

察するに、こんなふうな言葉ではないでしょうか。

「いいときもあれば、だめなときもあるもんですよ。それが人生、おたがい人間と言いますかねえ」

ある上司がなにかことがあると「まあまあ」と言って肩を叩いてくれ、こう言うのが口癖なんだと後輩が教えてくれました。

「おたがいゆるゆる行きましょう」

いいですね、ゆるゆるっていう言葉の響き。人望のある人の言葉でしょうね、きっと。

もう一言

藤沢周平氏の一人娘の展子さんは『父・藤沢周平との暮し』でこんなことを書いています。

〈失敗は誰でもするもの、失敗しない人間なんていない、問題は失敗したあとの対処の仕方にある、と父は考えていたようです。なにしろ、失恋した娘に「これもいい勉強になったと思って、あきらめろ」と言い切った親なのです。転んでもただでは起きない、そんな不屈の精神が、穏やかな父の内面にはあったのだと思います。

父から言われた言葉で、心に深く残っているものが、いくつもあります。

「普通が一番」「挨拶は基本」「いつも謙虚に、感謝の気持ちを忘れない」「謝るときは、素直に非を認めて潔く謝る」「派手なことは嫌い、目立つことはしない」「自慢はしない」〉

23――その人の「物語」がはぐくむ人望

「伝える―伝わる」というコミュニケーションでは言葉の力が大きいのですが、言葉のはぐくまれ方は人それぞれです。

状況に応じてどんな言葉を選ぶかという選択においても、あるいはものの見方、考え方においても、それまでのその人の生き方がその人らしい言葉として現れるからです。つまりその人の生き方が反映されるわけですね。

「誠」は言で成ると書きます。その言葉がどれだけ心を語っているか。どれだけ誠があるか。口先だけではマコトは伝わりません。言葉より語るものです。

その「語るもの」に影響を与える一つとして、ここでは「物語」にこだわってみたいと思います。

物語――たとえば元首相の田中角栄氏と聞けば、みなさんは何を思い浮かべるでしょう。やはり雪国新潟から身を起こし今太閤と言われる天下人に上り詰めた、そんなサクセスストーリーではないでしょうか。

娘の田中眞紀子さんは言ってみれば東京の金持ちのお嬢さんなわけですが、選挙運動で新潟にお国入りすると街宣車で駆けめぐり、「おらがー」と土地の言葉で話しかけます。

「ばあちゃん、元気だかね」「じいちゃん、達者かえ」「今日はあっついのう」「おめさんも元気で何よりだなぁ?」「草取りがたいへんだぁ」「今年のコシヒカリはどんな具合だぁ?」

時にはだみ声になって、まるで父角栄が一人ひとりに声をかけているような方言丸出しになる、と眞紀子さんの選挙戦を紹介したルポなどにはあります。

眞紀子さんは雪国新潟を舞台にした父の物語にのっかって訴えているんですね。

父角栄は立身出世の成功物語のほかに、数多くの艶福エピソードでも彩られています。

可愛い気、愛嬌があるといった角栄評はよく聞かれましたが、男の愛嬌についてはやはり女性が一番わかっているようです。

「越山会の女王」の異名で知られた佐藤昭子氏の『私の田中角栄日記』にこんなくだりがあります。

総裁選で勝利したときの姿を思い浮かべたあと、彼女はこう書いています。


そして、もうひとつの稚気溢れた人間田中角栄の顔があった。ホール・イン・ワンをした時の子供のような笑顔。親しい人がくると一日四ラウンドもした自分のゴルフスコアをメモにして見せる得意そうな顔。秘書相手に将棋をやっている時、相手の駒を取ってニコニコしている顔。

そのすべてを、私は好きだった。


二十三年間秘書で仕えた早坂茂三氏によると、新潟の山奥から信玄袋をぶら下げてきた婆さんの手を引いて玄関の靴や下駄の洪水から彼女の下駄を探しだし、履かせてやって見送るのだそうです。早坂氏が「そこまでする必要があるんですか」と言うと、こう叱られたそうです。

「必要はないさ。けどな、オレに送られて怒る人はいないんだ。あの婆さんは田舎に帰って、角がオラを玄関まで手を引いて送り、下駄を履かせた、それを隣近所にしゃべり回る。みんなニコニコして、お婆ちゃん、良かったね。こうなるんだ。それでいい。第一、客をしょっちゅう送ってれば、オレの運動になる。それとカネが一銭もかからない」

さてそんな角栄ですが、彼に人望があったかどうかは微妙なところです。

佐藤氏の角栄評からうかがえるのは「子供のような笑顔」とか、「得意そうな顔」と表現されているように人望より人気、あるいは人徳ではなかったかと思われます。

人徳も人望の中に入るという考え方はあるわけですが、ぼくはその人に備わったもの、持って生まれたものという意味合いで受け止めていることはすでにふれたとおりです。

それでは物語と人望の関係性はどんな人だと強まるのでしょうか。

米大統領選の民主党指名争いでヒラリー氏を打ち破ったオバマ氏など、その代表的な人物のように思われます。アフリカ系米国人として生き抜いてきた彼の半生は、そこに豊かな物語を持っています。

スピーチで発せられる言葉も物語と一体です。相手候補だったヒラリーも大統領夫人としての物語を持っているわけですが、オバマの物語のほうがよりインパクトのあるメッセージを放ち、多くの共感を得ていたようです。

ここでオバマ氏の詳細な経歴は省きますが、『ニューズウィーク誌』が民主党指名争いの最中に〈黒人と白人の血を引き、幼いときに父親と別れ、ハワイとインドネシアで育ったオバマは、自分のアイデンティティー探しを「アメリカの希望」の物語に紡ぎ上げてきた。そして今、その「物語」を政治に当てはめようとしている〉と書いていました。

オバマの物語は黒人ならではのストーリーを紡ぎ出し、語られ、人々の希望とともにオバマの人望をも大きくしていったように思えます。

ところで物語について身近なところで思い起こしてみるわけですが、何人かの先輩の顔が浮かんできました。

たとえばある先輩はドヤ街での長期潜行という体験など、勇気と粘りに富んだ数々の物語を持っていました。でもそれらは彼自身の口から語られることはありませんでした。人づてにぼくらの耳に入ってくる。それがいいわけで、その先輩がトップ記事をものにすると、すでに知っている彼の物語とともに「さすが○○さんだ」と語り合ったものです。

考えてみればオバマ氏もそうでした。

メディアは彼の半生記をいろいろ紹介していましたが、彼自身は歩んできた道をことさら訴えていたわけではありません。物語は聞かせる話として語られるものではないのです。語らずとも、その人自身の生き方とともに伝わってくる。それがいいのです。

聞き手はその人の物語を引き寄せて耳を傾ける。だからその人の言葉は一言一言以上の意味を持つのです。ぽつりと静かに言っただけなのに感じ取れるものがある。うなずいて聞いている自分がいる。その人の持つ物語ゆえのことです。

物語は、そうして人望のある人の魅力をさらに高めていくのです。

もう一言

オバマ氏の言葉については、ぼくの同僚が彼の演説はどこがそんなにすごいのかというテーマで分析していました。その記事を引用したいところですが、なんと同僚のその記事を井上ひさし、丸谷才一両氏が『文藝春秋』誌（二〇〇八年六月号）で紹介していました。

井上氏は次のように発言しています。

〈先日の毎日新聞に、とても興味深い記事（三月四日付夕刊）がありました。「なぜオバマ候補の演説が人々を動かしているのか」をテーマに、大学教授の方々も加えてオバマ演説を詳細に分析しています。

オバマさんの演説は、「何かが起こりつつある（There is something happening）」から始まる。このフレーズを冒頭にぽんと置いて、まず、聞いている人の心を摑む。そして間《ま》をとってから、「変化です！（Change!）」とつづける。実際に変わることはそう簡単ではないと聴衆がいぶかるところに、奴隷解放など過去の具体的事例を引用して、再度「チェンジ」と畳み掛ける。ここから観客も一体となった「イエス・ウイ・キャン!」とつながっていく。奴隷解放という過去から、変わらなければいけない現在、そして希望がある未来へと、話し手と聞き手がともに前進していくわけですね。

この記事を読んで、オバマさんの演説はとても演劇的、物語的だと感心しました。サブプライムローン問題などもあって現在のアメリカは深刻な閉塞感があるらしいが、そこへ「チェンジ!」という一語で希望を掲げて前へ進む力を生み出していく。こういう演説を日本の政治家から、日本語で聞きたいと思いました〉

24——人望のある人はむやみに不安がらない

どんなときでも冷静沈着な上司がいれば、部下は落ち着くものです。逆にすぐ不安がり、ばたばたする上司だと部下も落ち着きません。

大阪社会部での宿直勤務は五人一組でしたが、なにかあると若い記者の順に出動させられます。十日に一度ぐらいの割合でその勤務がくるのですが、気になったのはその夜の宿直キャップが誰かということでした。

キャップによってはちょっとした事件でも「すぐ現場へ」と命じる。現場がどうか確かめさせないと、不安だったのでしょうね。

それはよくわかるのですが、第一出動のぼくはたまりませんでした。

A地点へ行く。一字にもならないボヤ。またキャップの指示でB地点へ。路上の喧嘩。

これも字にならず、帰社中、またポケベルが鳴りだす。飲み屋で客が暴れているらしい。そう言われC地点へ。一本の記事にもならないまま一晩中走り回っていたことがありました。

そんなに現場に出動させないキャップもいました。正直言ってホッとしたものです。と書くと、出動指示の多いキャップを批判しているように思われるかもしれませんが、そのつもりはありません。その後ぼくも泊まりキャップになって、その判断の難しさがよくわかりました。

一報で事件や事故の大小が判断できるとしたら、それはたいへんな洞察力です。その力もないのに現場へ記者を出さないでいるというのは、とても不安なことなのです。不安にもいろいろあります。もし――したら……と先のことを案じる不安。いや、それが悪いというのではありません。

もともと人間は先のことをあれこれ心配して事前に対策を講じるなどして、今日の人間社会を築いてきた経緯があります。一概に不安感情を否定できるものではありません。

問題は、不安がったところで手の打ちようのないことに対してまで、いちいち過剰反応してしまうことでしょう。

大地震への不安なども気にしだすと際限がありません。自分でやれるべき対策を講じたあとは、必要以上に不安がらないことだと思います。何事によらず必要以上に不安がれば、それがストレスになって心身のバランスを崩し本当に病気になってしまうこともあります。

パニック発作なども不安が不安を呼んで、ついに死の不安を覚えるという経過をたどる症状です。不安がったところでどうにもならない不安は、腹をくくる必要があるのではないでしょうか。

ぼくが信頼していた泊まりキャップは、社会部内でも人望がありました。「もう少し様子を見てみよう」と静かに事態の推移を見守るタイプでした。

腹のすわった人だなあと思ったその人は、大学時代から始めた山登りを楽しんでいるようでしたから、危険と向かい合う中で対処法をおのずと身につけられたのでしょう。洞察力も鋭かったように思います。

ところである職場の後輩から聞いたのですが、あることが起きたとき、「大丈夫」と言い続けた上司がいたそうです。後輩は「大丈夫と言う根拠がはっきりしてませんでしたから……」と困惑気味にその話をしていましたが、その「大丈夫」は自分への言葉でもあったのではないでしょうか。

まず「大丈夫」と言い聞かす。すべてはそこからという気持ちで難事に対処するのも上司の役割ではないかと思います。

もう一言

本願寺津村別院の教化誌『御堂さん』の編集長、菅純和氏が、誌上での対談でこんな話を紹介していました。

「若くして夫を亡くされて、小さい子どもを抱えて、これからどうしようかと、悲しいよりも、将来のことを思うと真っ暗で、途方に暮れていた人がいるんです。いろんな人が、あれこれ慰めても少しも慰めにも励ましにもならなかったのが、同じ体験をした人に、『とにかく、あまり先のことは心配しないで、目の前のことだけを考えて解決していけば、いつの間にか何とかなってるものですよ』と、アドバイスされたことだけが心に届き、光を見ることが出来たと、そう述懐されてました。そういうものなんでしょうね」

25―ケチ・セコイと思われたら人望もなにも……

かつて向田邦子さんが「お金を払っている男の人を見るのが好き」と対談で話していました。

その心は「卑しさもステキなところも全部出るから」でした。

週刊誌の編集長をやっていたころ、色だ！　金だ！　とよく叫んでいました。その二つに読者がいると信じていたからです。

事件記者のころ、刑事さんが「結局、人間というのは、色、金、メンツだよ」と言っていましたが、今はそれに「健康」がつくのだそうですね。

色、金、メンツ、健康、そこから人となりが見えてくる。生活を崩している理由もその四つの中にあるというのです。

さてこの四つの中で最も人間がよく見えてくるのは、そう、向田さんがおっしゃるとおりお金かもしれません。
東京地検特捜部時代、数々の汚職事件や脱税事件を手がけた「さわやか福祉財団」理事長の堀田力氏が、エッセイでこんなことを書いています。

ある個人経営者の脱税では、ガス・水道代節約のため風呂は月に一度、あとは水洗いで石鹼は使わず、十年ほども使っている軽石で垢をこすり落とすという超々倹約生活だった。栄養状態の悪い夫婦が脱税を認めた時の、もの悲しく恨めしげな眼が忘れられない。

このほかにも某銀行の会長が入院中、見下した態度を取って看護師の総スカンを食った話や、ため込んだお金を守ろうとしていつも神経をぴりぴりさせていた政商のことなども挙げて、お金の恐ろしいのは人間を変えることだとも指摘しておられます。
部下というのは上司の人間性をお金がらみでよく見ているものです。サラリーマン川柳にこんな句がありました。

割り勘の上司がもらう領収書

セコ！　部下は心の中でそう叫んだのと同時に、その上司から一歩も二歩も距離を置くようになったことでしょう。

ケチだ！　セコイ！　と思われたら人望もなにもないでしょう。

ケチ、セコイと始末はちがいます。始末というのは美習でありまして、家計を預かる主婦などは始末にいろいろ心をくだいているものです。

毎日の積み重ねが大事だとわかっていますから、「水道、出しっぱなしよ」と妻の手が伸びてくるのは、世の多くの亭主はご存じでしょう。

女優の奈美悦子さんなど、歯磨きやからしなどのラミネートチューブをとことん絞り出して、出なくなったら最後はきれいに切り開き中身をこそげ取って使い切ると話していました。こういうのはケチではありません。始末です。

女性は元来、ケチくさいことを男以上に嫌っています。ケチくさい男は最低と言う女性は多いですよ。

ところであなたが上司なら、「近いうちに食事でも」と声をかけることもあるでしょうね。この約束はぜひ守ってください。「近いうちに」と声をかけられた部下は、ちゃんと覚えているものです。

そしてその食事代はあなたが持ちましょう。誘ったのはあなただし、同僚同士ならともかく上司の立場、まあそれがエチケットというものでしょう。

お金は使い方です。使い方でたいした金額のお金でなくても生きてくるのです。人望のある人の「近いうち」は本当に「近いうち」だと思います。

繰り返しておきます。お金とからんで見える人間の真実にはみなさん敏感です。心してください。

もう一言

スイスの心理学者、ユングが「幸福の五条件」を示しています。その五番目に「自分でほどよいと思う程度のお金を持っていること」とあるのですが、ほどよいとはどのくらいの額なのでしょうか。

ある金融会社が「サラリーマンの平均小遣いは4万6300円」と発表していますが、みなさんのお考えはいかがですか。

26――「理想の上司」を演じるな

「理想の上司」のアンケート結果を新聞や雑誌でよく見かけます。

男性ではプロ野球ヤクルトの選手兼監督だった古田敦也さん、女性では女優の篠原涼子さんとか、著名な方の名前がいろいろ出ています。ちなみに古田さんについては「管理だけでなく一緒に働いてくれる」という理由が多かったようです。

しかしこういうアンケートってイメージ先行でしょうから、理想の上司について抱いている印象はある程度わかるにしても、現実感に乏しすぎます。そんなポピュラーな理想像を答えられても、今の職場状況はそんなに甘くないという感じもします。

それに部下にいいように思われたいという動機で理想の上司を演じても、所詮《しょせん》演技のまま終わるだけでしょう。

人は相手の期待に添った言動をしがちです。そうか、古田が理想の上司か。なるほど、古田のよさはものわかりのよさか……といった理解で振る舞ったとしても、それでどうなるものでもないでしょう。そんな程度の自己改革は一日で終わるでしょうね。

学生時代、ぼくはスクリーンの高倉健さんに憧れていました。

映画館を出るとき、男はみんな健さんになっていたとはよく言われますが、本当にそうでした。ぼくの場合は、無口になるということが少なくなかったように思います。

といって健さんはそう長く続くものではない。そうですね、無口も三時間と持たなかったでしょうか。

実生活で健さんになるというのはよほどの覚悟がいるのです。健さんは楽な道を選ばないし、手柄は人に譲り、失敗は黙って自分でかぶる。好きな女性がいても健さんは身を退いて去っていく。

カッコよすぎて、ぼくら凡人が健さんをやるとストレスがたまるんですね。理想と現実のちがいをこれほど教えてくれた男優もいません。

職場で部下から「理想の上司です」と言われるようになるには、むしろ飾らない自分を素直に出す。それで尊敬され、信頼される。そのことを抜きに人望はあり得ないのではないでしょうか。

取ってつけた演技など、すぐにボロが出るものです。自分をひけらかさない。俺が、俺がといった態度を取らない。おのずとそうなるといった無理のない態度。求められるのは「見る」とか「見られる」とか、そういう意識を超えた本当の自分自身のありようでしょう。

部下の期待に添って行動しようなどと思っているうちは、部下もそれなりの評価しかしないものです。他人の評価を求める気持ちがあるうちはだめなのです。自分の価値を判断するのは、鏡に映っている自分を見ているもう一人の自分なのではないでしょうか。人がどう思うかではなく、自分がどう思うかです。まず自分。自分がしっかり生きること。すべてはそこからではないでしょうか。

人望もその生き方からしか生まれないでしょう。むしろ人望は他人を意識したときから失うものでしょう。

もちろん自分に問題があると思えば自分を変えること。上司と親は変えられないとは、よく聞く言葉です。

しかしそれを言う前に、変わらなければならないのが自分だということも忘れてはなりません。以上、自戒を込めてのことでもあるとご理解ください。

臨床心理士が言っていました。

「不自然って相手にはわかるんですね。無理してる。そう思われたら相手は冷めた目で見ますから、心を開きません。職場の人間関係でも、自然体の人が一番良好な関係を保っているんじゃないでしょうか。部下をほめる。大事なことですが、ほめ言葉の大安売りでは人間性を疑われます。この人は心から言ってくれていると思えるような違和感のない言葉って自然に出てくるものですよね。『助かりました。ありがとう』とか、短くても相手にはそれで伝わりますよね」

もう一言

堀田力氏が『人生を楽しくする、六つのルール』を提唱しています。

その一つは「いやなこと、無理なことはハッキリ断る」です。堀田さんは「いやなこと、無理なことを抱えて、鬱々と悩むことほど精神に悪いことはない。少しも楽しく生きられない。そこで私は思うのだ。『できない』のは、恥じゃない。カッコつけたり、義理があるからと仕方なく引き受けてしまう……そんなことはしないに限る」とエッセイでその理由を説明しています。

27——人望のある人は重心が低い

相手がどう出るか。それに備えた姿勢を構えと言います。

少し屈《かが》んで腰を落とす。その姿勢に共通するのは重心の低さです。

重心が低いと言えば、すり足で足を運ぶ柔剣道など武道はその代表ではないでしょうか。

古武道の心得があるという中年の男優がテレビで実際にやってみながら、その効果のほどを説明していました。

立ったまま肩幅の広さに両足を開く。次に踵《かかと》を上げて、また下ろす。さらに肩を持ち上げるように上げて、またストンと落とす。体が少し前屈みの状態になるが、この姿勢は抜群の安定感があって前から胸を突かれても簡単には倒れないのだ、と話していました。

言われるままやってみましたが、たしかにそうで、構えとか重心の低さも体得できる感がありました。

これらは呼吸法とも一体となったものですから、茶道や書道、華道や日舞などの基底に共通する精神性とも通じているように思われます。

また球技の多くにも少し屈んで腰を落とす構えがありますね。バレーボールをやっていた女性が重心の話になったとき、こうして構えるんです、とレシーブの姿勢を見せてくれました。

ふと思ったことですが、人望のある人には重心が低く、呼吸も深く長い印象があります。

重々しいという感じではありません。むしろ重さは感じさせない。静かで淡々として物事に動じたふうがない、そんな感じなのです。

事態は刻一刻とさまざまに変わる。組織にとっては攻める場面もあれば、逆に守らなければならない場面もあります。それに伴って、人間ですから喜怒哀楽の感情もこみ上げてきます。

しかし上がいちいち顔の表情を変えていては、下は落ち着きません。とりわけ組織がピンチに見舞われたときなど、下は上の顔色をうかがうものです。上が落ち着いて冷静沈着な態度だと、みんなも安心できます。

たいへんな思いでいるときは、息を下っ腹に吐き切れば気持ちを安定させることができる、とある僧が話していました。腹の底にすーっと息を吐くと心の静けさが保たれるというわけです。

不安な思いは極力頭に上げない。頭に上げれば動揺する。ここは下っ腹に力を込めて息をゆっくりと吐き、その吐く息と一緒に不安も出す。そしてまたゆっくりと吸う。いわゆる長息の呼吸法です。

あとは涼しい顔をして傍らに控えている。

なぜか人望の集まる人にはそういうタイプの方が多いように感じられます。

もう一言

足を組んだ座禅のスタイルで息を吐いているとき、不思議と頭の中は空《から》っぽです。心を無にすることもできます。なんの計らいもない。「座忘」という仏教用語があるそうですが、いいひとときです。

きんさん、ぎんさんは仏様に手を合わせたとき、無になれたそうです。ノンフィクション作家の綾野まさるさんの著書でこんなことをおっしゃっていました。

「……仏さんと向き合った時は、心を空っぽにして手を合わせにゃいかんねぇ。そうすりゃ、自然と感謝の心が湧いてくるがね。こうやって生きてること、それがありがたいことやと身に染みるがな、それが大切やとちがうやろか」

28――「嫌えば嫌われる」関係のブレーキになる存在

　人間には自分という存在が認められたいという欲望がある、とすでに述べました。自分を表して認められるという関係で「表現欲」という人もいますが、自分の存在確認ですから一生続く欲望とみられています。

　大阪社会部にいた一九八五年、豊田商事事件がありました。もっぱらお年寄りをターゲットに純金で儲かるなどと投資話を持ちかけていた詐欺商法ですが、被害を知って駆けつけた子どもたちに、こう言ったおばあさんもいました。

「そやけど、お前らより豊田はんのほうがほんまに優しかったで」

　優しかった、すなわち自分の存在をちゃんと認めてくれたというわけです。病院でも長期入院中のお年寄りに「今日は顔色がいいですね」と声をかける看護師さんの一言が、薬よりも何倍も効果があると言います。わかる気がします。

子どもも見舞ってくれなくなった。自分などもう忘れられているのだろうか。ふとそんな思いにかられがちな病院で、看護師からかけられた一言。それもずっと見守ってくれていたんだと思える言葉。嬉しいにちがいありません。

臨床心理士が言っていました。

「相手を認めることが私たちの仕事の基本です。悪いところを治してあげようなんて思っていたら、みなさん、心を開いてくれません。いいところを探して相手の存在をちゃんと認める。そういう人間関係ができて初めて向かい合えるんですね」

ぼくふうに言えば、それは「思えば思われる」関係です。

人間関係は難しい。苦手な人物はいろいろいる。嫌いだからつき合わないですむならそうしたい。

しかし職場などではそうもいかない。どうするか。とりあえず見方を変えてみてはどうでしょう。彼のいいところはなんだろう。その人ならではの持ち味はあるものです。

さきの臨床心理士の話ですと、悪いと思えるところでも見方を変えればそれはその人のにくめないところだったりするそうです。長所の一つや二つはすぐ見つかるでしょう。あとはそのいいところを大切に思って接してみる。すると彼の態度も変わってきた……。思えば思われる、です。

今日「心の病」はもちろん職場では過労自殺まで伝えられています。いじめもふえているらしい。職場の息苦しさは増す一方のようです。

悲しいかな、それは思えば思われる関係ではなく、「嫌えば嫌われる」関係を物語るものでしょう。心理学では「好意の変報性」に対し、「嫌悪の報復性」と言うそうです。報復なんて、怖い話ではないですか。

さて、そこで求められるのが人望のある人なんです。

いや、みんながみんな、思えば思われるで人間関係を維持できれば、それにこしたことはないのですが、やはり嫌えば嫌われる関係もあるわけです。むしろ職場状況は「嫌悪の報復性」を強めているように見受けられます。

ギスギスした冷え込むばかりの人間関係。人望のある人のぬくもり、穏やかさは際立ってくるわけです。

なによりも人望のある人は、「嫌悪の報復性」のブレーキになるでしょう。彼らは本来の仕事以上に大きな仕事をしている方々だと思います。

もう一言

仕事の進め方に①②③と三つの方法があるとします。あなたは①がいいと思っている。でも相手のことを思って、「①の方法でやりましょう」とは言わず、「①②③と三つの案があります。データはこうなっていますが、どの方法がいいでしょうか」と聞く。

データの部分を工夫すれば、相手は「①がよさそうだ」と答えてくれるでしょう。あくまでも相手の側に立って思えば思われる関係を保てば、仕事もスムーズにいくことでしょう。心理学の本で紹介されていた一例です。

29──つかず離れずの人間関係

「いい加減」という言葉はじつにいい加減です。手元の辞書を引いてみると、こうあります。

① ほどよい様子。適度

② 無責任である様子。大ざっぱ

つまり①はプラス、②はマイナスの表現なわけです。

加減の加は「加える」、すなわちプラス。減は「減じる」、すなわちマイナス。ですから正にも負にも転じやすい。文脈によってコロコロ変わる。そう、本当にいい加減な言葉なんです。

ですが、ここにこの言葉の妙味があるんですね。

ある料理番組で中華、洋食、なんでも上手につくるタレントが、鍋に塩を振り入れながら言いました。

「分量なんていい加減なんですよ。でも、これが『いい加減』になるんです」

徳川家康と春日局のこんな話を思い出したことでした。

「この世で最もうまいものは?」

「塩でございます」

「では最もまずいものは?」

「塩でございます」

いい加減はいい塩梅《あんばい》に通じる言葉なんですね。

人望のある人に共通するのは塩梅、つまり加減がいいんです。

さきにもふれましたが、職場で一番難しいのは人間関係です。なにが難しいかと言うと、たがいの距離感です。近づきすぎるとなんだか重苦しい。といって、離れすぎるとそのまま疎遠な関係になってしまう。時に気心を一つにした一体感がある人間関係を保ちたいとも思います。

しかし一体感というのは気が置けない友だち同士ならいいが、そうでもない関係で一体感を強めすぎると、おたがい気疲れしたりするものです。そのことを思うと、適度に距離を置いてそれぞれの人格を認め合った人間関係がいいようにも思えます。

要するにつかず離れずの関係が最適だと気づくわけです。人望のある人はこの距離の取り方がいいんですね。ほどがいいんです。

処世術としてそうしているのではありません。相手を個人として認めているから、つかず離れずが最適の距離だと心得ているわけです。

「どんな素晴らしい主義思想も限界を超すとマイナスになり、どんな素晴らしい善も限界を超すと悪になる」

遠藤周作氏の言葉ですが、ここにある神髄は加減です。プラス、マイナスの妙です。

また人望のある人はそういう他者との関係ばかりか、一人の人間としてもプラス、マイナスの妙を心得ているものです。

今、かりにプラスを楽しみ、マイナスを苦しみとすると、人生を楽しむためにはそれなりの苦労がいるものです。しかしあまりにも苦労が多いと、楽しむ前に自分が壊れてしまいます。苦楽の塩梅、加減が問われるわけです。

人望のある人はそのあたりのことをよく理解しています。ですから助言もほどを心得ている。自分の主義思想は決して押しつけない。

といって相手に調子を合わせてものを言うわけではありません。

「それはそれで意義のあることではないでしょうか」

「その体験が次の機会に生きてくればいいですね」

本当にそう思って言うわけです。そこに無理はない。無理がない証拠に言葉は静かで態度も落ち着いているものです。

もう一言

コピーライターの糸井重里氏が、『日経新聞』のインタビューで「『私』で蓄えたことを『公』である仕事に役立てるべきです」と話して、「我が家を訪れた営業マンの方が、私の愛犬を心の底から褒めて抱き上げたことがあり、その姿を見てつい契約をしてしまいました」と事例を紹介していました。糸井さんは営業マンが犬を抱き上げたことにその人の「私」を見て、仕事の面の「公」を評価したわけです。そんな「公」と「私」にもほどのいい加減があるんですね。

30――人望のある人は感受性が豊か

わずかなこと。たとえば――

朝日がさす食卓でいただいたコーヒーがおいしかった。

信号待ちしているあいだ遠くの空を眺めていると、雲の縁が五色に変化する彩雲が見られた。

会社に着くと彼女が笑ってくれた。

そんなことがなにか自分の一日を支えてくれているような気がしませんか。人望のある人というのは日常のささやかなことを感じ取る感受性が身についているように思われます。

「幸せを思うわずかな事一つ」という川柳がありますが、脳科学者の大島清氏によると、幸福感は脳幹からわき上がるもので、それは命そのものの喜びなのだそうです。著書『歩く人はなぜ「脳年齢」が若いか?』でのようにお書きになっています。

脳幹でわき起こる命の喜びは神経細胞を伝わって、脳全体に行きわたる。まさにわき上がるように伝わるのだ。このときに出る脳波がアルファ波だ。幸福感に包まれるときは、心（脳）が安らぐときでもある。

バス停で眺めた遠くの青空、電線のすずめ。オフィスの窓から見た夕焼け。あるいはタクシーの窓から眺めた欅並木。そのときカーラジオから昔よく聞いたフォークソングが流れてきた……。

人望のある人の一日は、そんな一つひとつに覚える幸福感とともに時間が流れているのではないでしょうか。

「忙しい」の「忙」は「心を亡くす」と書くとすでに述べましたが、心を亡くしたとき人はどんな態度を取るのでしょう。きっと近寄りがたい雰囲気に包み込まれているのではないでしょうか。

風や光、鳥の鳴き声など、わずかなこと一つにも幸せを覚えることができれば、忙しいときでも心は潤いを失わず、人に対しても穏やかに接することができるものです。

私事になりますが、十数年前の夏の終わり、胃ガンで入院しました。

状況が状況なだけにずいぶんと神妙になりました。手術が成功したと知ったときは、生きている、まだ生きられるというそのことに喜び、感謝の気持ちがありました。

朝、カーテンをふくらませて入ってくる風や、夜、少し開けた窓の隙間《すきま》から入ってくる風にも幸せな思いがありました。医師や看護師さんに隠れて飲んだ一杯のコーヒーのおいしかったこと。香りとともに全身に染みわたる感覚があり、あ〜と思わず声を漏らしていました。

大病体験をすると、無事すなわち事が無いということや、それまで思ってもみなかった当たり前のことがありがたく思えるようになります。少々人間が変わるわけですね。

でも人望のある人は普通に生きてきて、そういう感受性が身についているんでしょうね。お母さんの育て方が良かったとか、趣味の読書が感受性を豊かにしてくれたとか、そういうこともあるのでしょうが、ともかく彼らはいいことが一日一つあればいいじゃないかといった感じで生きている。そんなところが見受けられます。

暑い一日、取引先の帰りに交差点を一つ二つ三つと渡ってやっとたどり着いた小さな公園の木陰。ベンチに座ると、爽涼の風が吹いて汗をぬぐってくれた。ああ、ありがたい……。

ちょっと落ち込んだまま仕事を終えると、同僚がやって来て「おいしいもんでも食べに行こうか」と誘ってくれた。関西風味の和食の店だったけど、おいしかった……。

人間というのはよくできているもので、つらいときでも心地よいものは心地よい、おいしいものはおいしいとわかっているんです。そして思うんですね。人間、これがあるから生きられるんだ、と。

人望のある人というのは、そんな思いが深い人のように思えるのですが、どうなんでしょうか。

もう一言

城山三郎氏がお書きになっています。

〈……一日に一つでも、爽快だと思えることがあれば、それで、「この日、この私は、生きた」と、自ら慰めることができるのではないか。

つまり、これは私の造語なのだが、「一日一快」でよし、としなければ〉

（『この日、この空、この私』）

31――人望のある人と、キレる人のちがい

人望のある人の反対側にいるのは、すぐにキレる人でしょう。

自己中心的で人の意見を聞かない。感情的で頭ごなしに否定する。反論すると声を荒らげる。時には机を叩いたり、書類を投げつけたり、ゴミ箱を蹴ったりする。

分煙もなかったオフィスの時代は、灰皿が飛んできたといった話を聞いたことがあります。いい大人がそんな乱暴なことをしたら、自分が恥をかき困るだけなのですが、感情的にカッとなってそんな後先は考えられなくなってしまうのでしょうか。

キレるAと人望のあるBを想定してみました。相手に対してどうちがうのでしょうか。

Ａ「おい、これですぐに話をつけてきてくれ」

Ｂ「すまないが、この条件で話を持っていってもらえないだろうか。急いでやっても

らえるとありがたいんだけどね」

さて、取引先から部下がしょんぼり帰ってきました。商談がうまくいかなかったのです。

A「そんなことは言い訳だ。この条件でまとめるべき話なんだ。もう君には頼めないな」

B「そうですか。先方にはちょっと厳しい条件でしたからね。あなたもたいへんだったでしょう。いろいろ言われたんじゃないですか。今回の経験を生かして、次はこの埋め合わせができる仕事をやり遂げましょうよ」

失敗をどう受け止めるか。キレる人は何々すべきだ、何々でなければならない、と一直線思考の人が多いものです。かくあるべしという考えが強すぎて、他の考えを受け入れるほど心が広くないんですね。

相手の話も十分聞かず、キレて暴言を吐くわけですが、終始自分の非には気づいていません。まあ見方によっては単純だと言えなくもありませんが。

そこへいくと人望のある人は失敗は失敗として受け止める。そこから学んだ経験を生かそうとする。部下にも再チャレンジの意欲を持たせようとします。

もちろん手抜きなど責められても仕方のない失敗もありますが。そういうことがなければ一方的に責め立てる物言いは慎むべきでしょう。

いくら言ったところで、現実は変わりません。だめだ、だめだと怒ってみたところで、部下はその上司をにくみこそすれ、やる気になるわけではないでしょう。

それにキレやすい上司がいると、どうしても職場の健康度は下がります。昨今、経済誌も「キレ」特集を組んだりしています。キレて問題を起こすかもしれない、なんとかしないと俺の将来はない、と思い始めている社員が多いのでしょう。

心理コンサルタント氏が『エコノミスト』誌上で挙げていた「キレ」コントロール策を紹介しておきましょう。キレそうになると次のようなことをやるのがいいそうです。

・ゆっくりとした呼吸と同時に肩や首を動かしてほぐす
・頭の中で「許す、許す、許す」と何度も心に言い聞かせる
・口の中にチョコレートや飴を一粒入れる

まあ対症療法でしょう。根本的にキレない人間になるには、長い目で人を見ることが

できる人望のある人を見習いながらの自己改革が必要なのではないでしょうか。

もう一言

元阪神監督の吉田義男氏と言えば名遊撃手で知られた方ですが、『日経新聞』の「私の履歴書」でこんなことをお書きになっています。

〈一年目38、二年目30。牛若丸は失策王とも言われたものだ。これだけ失策する遊撃手を使い続けた松本謙次郎監督は辛抱強い人だった。「人は失敗して覚える」が口癖で、失策してしょげる私に「もう一つエラーしてみろ」と言ったこともあった。プロで最初に巡り合った監督がこの人でなければ、以後の私はなかったと思う〉

そして自らも監督のとき「もう一つエラーしてみろ」と声をかけていたそうです。

32―人望のある人は自分をよく知っている

人の信頼を得るにはたがいの理解が必要です。理解があって初めて信頼されるわけです。

といって人間関係がそこまでいくのは簡単ではありません。長年連れ添った夫婦にしたって、夫の定年後改めて向かい合ったとき、驚くほど相手がわかっていなかったとは、よく聞く話です。

しかし目の前の人物はどんな人なのかという疑問は、同時に自分にも向けられます。そして結婚したときの感情を思い起こしたりしてみる。「惚《ほ》れる」は「惚《ぼ》ける」と同じ字だし、そう惚けてたんだなあなんて……いや、これはまじめな冗談です。

いい年して自分探しというのもなんですが、楽しみながらいろいろ気づき成長したいものです。

いい言葉があります。夏目漱石の『虞美人草』に出てくるこんな言葉です。

「驚くうちは楽しみがある」

「あっと驚く時、初めて生きているなと気がつく」

「驚く」は感動という言葉に置き換えてもさしつかえないでしょう。Be moved。何事にせよ、心が動かされているうちは大丈夫です。

ぼくは最近、ワン君に心が動かされることがあります。

子犬の時分、奥さんに連れられて散歩中よく出会ったワン君が、成犬になってからこちらの姿を見かけると奥さんの持つリードをぐいぐい引っ張ってそばに駆け寄って来るのです。可愛い。これほど無心に振る舞える生き物がほかにいるだろうか。

そんなとき、自分という人間の歪んだ心に気づかされたりするんですね。

人はかつて住んでいた森を離れ平地に降り、人間だけで住むようになった。同種の動物だけが固まって暮らすのは地球上初めてのこと。その時、人間の心に何らかの「歪み」が生じた。例えば「人間とは何？」ということがわからなくなった。そういう場合、人は人間以外の動物を鏡にする。

日本最北の動物園、旭山動物園の園長、小菅正夫氏がお書きになったエッセイです。「どうして人間に動物園が必要か」ということに答えたくだりですが、そんな動物たちの中でも犬は大昔から人間のパートナーでした。

野心も利害もなく、ただ無心に振る舞う犬。そんな姿を見て、人間はどれほど自分の歪みに気づかされたことでしょうか。

ぼくたちは毎日毎日、自分とは？　人生とは？　生きるとは？　と考えているわけではありません。けっこう流されて生きていて、ふとそんなことを考えるぐらいです。ただそれでも日常のちょっとした瞬間に、自分の本当を見るというか、自分とは何かを知ることがあります。そこに心が動いた、つまり感動によって自分自身を知ることができるわけです。

なにかを見たとき、なにかにふれたとき、その話に深く共感したとき、ぼくらは「ああ」という声をもらします。この声が自分自身なのです。

自分自身が必死でなにかに取り組んで、それができたときの喜び。そのときも人は感動を覚えます。

そんな感動体験から意欲が生まれると、そこからまたなにかが生まれ、人生はどんどん豊かになっていきます。そうして自分がちゃんととらえられれば、自分を変えることだってできます。

知り合いにいつもカメラを持ってぶらぶら歩いている男がいます。レンズを通すと、ふだんは目にも留めないことに小さな発見があるんだそうです。

石垣の隙間に咲いている花や水たまりの花びら。彩雲。梢《こずえ》の先の夕映え。レンズの世界に非日常が味わえるのだと言います。

人間の心の歪みも自然をそんなふうにとらえることで、元に戻すことができるかもしれませんね。

もう一言

脳科学者の茂木健一郎さんは、こんなことをおっしゃっていました。

「脳はどんなに小さな、どんなにささやかなことでも初体験が大好きです。そこから新しい刺激を得ることによって脳が喜びます。そして自分自身も変わることができます。自分を知る。そして自分を変える。この営みは人との良好な人間関係をきっと約束してくれると思います」

33——書いて考える人に備わる人望

人望のある人には日記をつけたり、手紙を書く人が多いのではないでしょうか。というのはぼくの想像ですが、ゆえのないことではないのです。

『ニューズウィーク』誌で読んだのですが、近年アメリカの大学の医学部では作文が重視されているそうです。医療は人の生き死にとかかわります。患者は医師の一言に全神経をとがらせています。真剣に聞いています。

それに対して医師の言葉は適切でしょうか。患者の気持ちに添っているでしょうか。そんな反省から「語りかける医療」ということが言われ、医学生たちに作文を学んでもらおうということになったそうです。

文章を書くということはふさわしい言葉を選び出す作業です。その作業を習熟することで診察時に患者の気持ちを受け止めて、適切な言葉を口にすることができるのではないかというわけです。

人は思ったことをパッと口にします。でも思ったことを文章にすると、話した言葉とは変わってくるのに気づきます。もし話をしたまま書いても、それは脈絡がなかったり、相手への気遣いがなかったり、いろいろ気になることがあるものです。

書くという作業は、そういうぐあいに言葉を自分の中にいったん戻して整理する作業でもありますから、散らばっていた考えもまとまります。感情に流されるまま話していたことも整ってきます。気持ちを落ち着けるうえでプラスアルファはいろいろあるわけです。

またパソコンの画面や携帯メールではなく、紙にペンなり筆で書く、つまり手で書くということで、人間はずいぶんと優しくなれるんですね。

たとえば「愛」や「命」という言葉は深い感情を伴います。手で書くときすでに「愛」や「命」という気持ちで書いていますから、ローマ字変換で「ai」「inochi」などと打って出てきたものより心がよりこもっているはずです。

字（漢字）を書くというのは字の持つ意味とかかわる行為ですから、人が「愛」という字を書く場面ではおのずとその感情を伴います。適当に軽い気持ちで書くというのはちょっと考えにくいのです。

そうしますと「手で書く」ことは、すなわち「心で書く」ということになり、それだけ優しくなれるわけです。

元衆議院議員で東洋大学総長の塩川正十郎氏は日記をつけているそうです。こんな内容が雑誌の対談で紹介されていました。

「僕ね、朝五時頃起きて、前の日の日記をつけているんです。毎日四百字くらい。秘書が作ったスケジュール表は見ないで、昨日の朝何を食べたかというところから、じーっと考えて思い出すんです。『昨日はおかゆやったな、それから慌てて九時に間に合うようにどこへ行った、何をした』と、朝食を思い出せればつるつる出てくる。それで、昨日、腹のたった出来事も、一日経ってふりかえると見方が変わってくるんです。誰かと喧嘩になっても、まあ、あいつの立場もあるわな、とかね。全然違う感情が湧いてくる。そこでまた別の角度から判断ができる」

わかる気がします。難しく言えば文章が持っている理性の喚起とその抑制ですね。机を叩きながら原稿が書けるという人はいないでしょう。

そういうぐあいにネガティブな感情を抑えることができるのだとすれば、メモであれ、日記であれ、書くことで心穏やかに保つトレーニングをしていることになります。おのずと人望も増すことでしょう。

少し手紙についてふれておきます。

人望には自信のないぼくではありますが、手紙はよく書きます。気をつかわせてはと病床の友の見舞いをためらうことがありますが、そんなとき手紙を書きます。

面と向かっては言えないことも手紙ならあらたまった気持ちで心の中で向かい合えます。見舞いの言葉だけではなく、少しは相手の心に残るようなことも書けます。それで見舞い以上に友人に喜ばれたこともあります。

事務連絡以外の手紙なら、多少の工夫というか独自性があってもいいのではないでしょうか。時候のあいさつも紋切り型より自分なりの季節感を書いてみるとか、ちょっとした生活情景を入れて何気ない一コマを伝え、相手に安心してもらうということがあってもいいように思われます。

過日、とっても人望のある同郷の友人が「風も夏めいてうっすら汗ばむころ」という書き出しの手紙で飲み会に誘ってくれました。「限られた身内だけの勉強会を下記の要領にて開催致したく」などと書く愉快な人柄もしのばれ、その日が待たれたものでした。

もう一言

城山三郎氏が著書で紹介していましたが、花王の社長だった丸田芳郎氏は新入社員を集めて「大事な要件は電話で済まさず手紙を書きなさい」と忠告して、こうおっしゃっていたそうです。

「少なくとも手紙を書いてる間は、相手のことを考える。また時候の挨拶を考えれば、周りの自然に目が向く」

34――人望のある人は「性弱説」に立つ人です

人間は生まれながらにして善であるという性善説があれば、いや悪であるという性悪説もあります。

性善説は、中国・戦国時代の思想家、孟子が人間に対する深い信頼のもと唱えたものです。性悪説は、やはり同時代の思想家、荀子が利益に左右される人間の一面をとらえたうえで外から規制すべきだとの考えにもとづいています。

こういう二元論はぼくは抵抗があります。人間は善も悪も入り乱れてじつに多様だと思っています。

ただ、生き方の指針としては性悪説のほうがいいかなと思っているのは、そのほうが善なるものを身につけようという励みにもなるし、自分に課題というか努力目標が掲げられるような気がするからです。最初から善だといくら修行を積んでも張り合いがないと、まあそんなことを思うわけですね。

さて、それでは人望のある人はどうなのでしょうか。ぼくのような性悪説というのも人望という面から見れば多少ひっかかります。

そこで思うのですが、「性弱説」というのはどうでしょうか。

これは笑いの研究の第一人者である織田正吉氏が以前に著した『笑いとユーモア』でユーモア感覚とともに述べている説です。「たかが人間、おたがい様」と思えば他人に対して寛大になれるといったことはすでにふれましたが、それと相通じるところがあるかもしれません。

実際人間って弱いものです。どんなに前向きに！　ポジティブに！　と日ごろから言っていても、人間ドックの検査の結果一つで暗く沈んでしまいます。

病院の待合室で精密検査の結果を待つときの心境、みなさんも覚えがあるでしょうが、看護師さんの呼ぶ声一つにも気になるものです。そしてドアを押して診察室に入る。担当医に目をやったとき、たまたまあくびをしているのを見て妙に安心したり……そんなものですよね、人間って。

マイナスもプラスになる。言ってみれば「失敗は成功のもと」という「反省―努力―達成」の法則を考えても、弱点があるのが人間という性弱説は身につくもの、また身につけなければならないものがいろいろあるように思われます。

人望のある人というのは完全無欠なのはスーパーマン、不完全な面を多々持っているのが人間だとわかっているのではないでしょうか。

ですから人が失敗をしても温かく受け止められる。人をおもんぱかる気持ちもある。かつおたがい弱者同士という立場で、人間への理解と共感も人一倍持っている。

そういう意味では人望のある人は「性弱説」に立つ人たちで、人間的な連帯と共感の輪の中心にいるのが彼らなんだと思います。

もう一言

「悪人正機説」というのは親鸞が興した浄土真宗の中心思想です。「善人だって往生できる。まして悪人ならなおさら往生できる」という言葉に示されるように仏陀の本願は悪人を救うことにあるから、罪深い悪人こそ阿弥陀に救われて往生できると説いています。

ここで言う悪人は仏から見ての悪人ですから、悪人すなわち弱者ではないのですが、人間はみな限界があるという点では「悪人正機説」の思想と「性弱説」とはなにか相通じるものがあるように思えます。どうなのでしょうか。

人望のある人ほど個性的

――「あとがき」に代えて

一般に人望のある人というと協調性とともに語られがちです。それはそうなのですが、それでは個性的な人に人望はないのでしょうか。

そうではありません。ぼくは人望にも個性を見ているところがあります。

友人にじつに個性派の弁護士がいます。弁護士でもあまり好まないヤクザ、事件屋、右翼などの事件を相手にするのが飯より好きで、自らやらしてくれと申し出ているほどです。人呼んで「よろず撃退指南役」。光る個性ですよね。そして馬好き、犬好き、時には川柳を詠み、エッセイもよく書きます。

人間、やりたいことをやらずして生きがいも生まれません。ひいてはその人の持ち味や個性も生きません。

生きているというそのことを強く実感するのはなんといっても感動です。

その感動でも、われを忘れるほど心が揺さぶられることがあります。大感動です。大感動の体験がある人は人生も肯定的にとらえ存分に楽しんでいることでしょう。

さきの弁護士にはまわりにいつも人が集まっています。別に行列ができているというわけではありませんが、趣味人ですからその同好者も多い。さらに相談事も含めふらっとやって来る知人や友人もたくさんいるようです。

趣味人に共通なことは気持ちが若いということです。好きなことをやっていれば心は若返るんですね。そして趣味を通して心のチャンネルをいくつも持っているので、多種多様な人との交遊関係も広がっていくんでしょうね。

もちろんあくの強い個性もあります。個性も取り扱いをまちがうと、自己中心の思いあがりと結びつくものです。

しかしそれは個性というより単なる偏固、変わり者と言うべきかもしれません。個に価値を置いた生き方の中ではぐくまれた個性は、みんなから愛されているものです。

この世にたった一人しかいない自分自身を見つめつつ人との付き合いも深めていく。

そうして初めて個性が生きるのではないかと思われます。

本来個性は自他ともに自由な状況においてはぐくまれるものです。強制しない。またされない。そのことをよく知っているのが個性のある人だと考えれば、人望のある人に個性派がたくさんいてもなんの不思議もありません。

そのことを断っておきたくて、「あとがき」に代えこの文章を加えさせていただきました。

＊　＊　＊

企業社会を殺伐とさせた「勝ち組・負け組」という言葉はすたれましたが、労働環境がよくなったわけではありません。「名ばかり店長」とか「ワーキングプア」といった言葉にうかがえるように、依然厳しいものがあります。

職場でぼーっとする時間がない。無駄の排除で心の余裕も奪われている……労働問題とも取り組んでいる精神科医の嘆きです。

ただ悲観すべき話ばかりでもありません。成果主義からチーム力へと転換をはかるなど、手を携えて働ける組織を模索する企業も出始めています。過酷さゆえに職場をつくるのは人間なんだ、と当たり前のことにみんなが気づき始めたようなのです。

だからこその人望です。おたがいが心を交わし大切に思える職場に不可欠な人材は、なんといっても人望のある人ではないでしょうか。

そんな思いでこの本と取り組みました。一人でも多くの方のお役に立てば、と願っております。

原稿は一部口述したところがあり、その整理などフリーランサーの小嶋優子さんにはお世話になりました。ありがたく思っております。

出版に際しましては、幻冬舎の福島広司さんや伊藤えりかさんに助言のみならず励ましの言葉もいただきました。深く感謝しております。

近藤勝重

著者略歴

近藤勝重
こんどうかつしげ

早稲田大学政治経済学部卒業後の一九六九年毎日新聞社に入社。論説委員、「サンデー毎日」編集長、毎日新聞夕刊編集長を歴任。現在、専門編集委員。TBSラジオ「荒川強啓デイ・キャッチ!」、MBSラジオ「しあわせの五・七・五」など、東西の番組に出演する人気コメンテーター。毎日新聞（大阪）の人気企画「近藤流健康川柳」の選者を務めるなど、多彩な能力を様々なシーンで発揮している。著書に大人気シリーズ『一日一杯の読むスープ　しあわせの雑学』『一ミリのやさしさで世界が変わる　しあわせの雑学　希望編』『あなたの心に読むスープ　しあわせの雑学　笑顔編』『大阪の常識　東京の非常識』『話術いらずのコミュニケーション』など多数。

幻冬舎新書 094

なぜあの人は人望を集めるのか
その聞き方と話し方

二〇〇八年九月三十日 第一刷発行

著者 近藤勝重
発行者 見城 徹
発行所 株式会社 幻冬舎
〒一五一-〇〇五一東京都渋谷区千駄ヶ谷四-九-七
電話 〇三-五四一一-六二一一(編集)
〇三-五四一一-六二二二(営業)
振替 〇〇一二〇-八-七六七六四三
ブックデザイン 鈴木成一デザイン室
印刷・製本所 図書印刷株式会社

Printed in Japan ISBN978-4-344-98093-8 C0295
こ-8-1
幻冬舎ホームページアドレス http://www.gentosha.co.jp/
*この本に関するご意見・ご感想をメールでお寄せいただく場合は、comment@gentosha.co.jp まで。

幻冬舎新書

市村操一
なぜナイスショットは練習場でしか出ないのか
本番に強いゴルフの心理学

「池を見ると入ってしまう」「バーディーのあと大叩きする」。一番大切な時に、わかっていてもミスが出るのはなぜなのか？　最新の研究データをもとに、心と体を連動させるポイントを伝授。

内館牧子
女はなぜ土俵にあがれないのか

伝統の保守か、男女平等か——神事から格闘技、「国技」へと変貌しつつ千三百五十年を生き抜いた相撲。誰よりも相撲を愛する人気脚本家が、「聖域としての土俵」誕生の歴史に迫り、積年の論争に終止符を打つ。

星川淳
日本はなぜ世界で一番クジラを殺すのか

国民一人当たり年間平均3切れしか鯨肉を口にしない現状で、国際社会の取り決めを無視してクジラを〝水産資源〟として捕り続ける日本のマナー違反を徹底的に検証し、環境と共存する生き方を探る。

大林宣彦
なぜ若者は老人に席を譲らなくなったのか

大人を尊敬できない子供と、子供を尊重できない大人の増加が、人心の崩壊を加速させている。すべての責任は我々大人にある。子供の心を尊重しつつ、日本古来の文化を伝えていこう。